AV女優ちゃん

6

峰なゆか

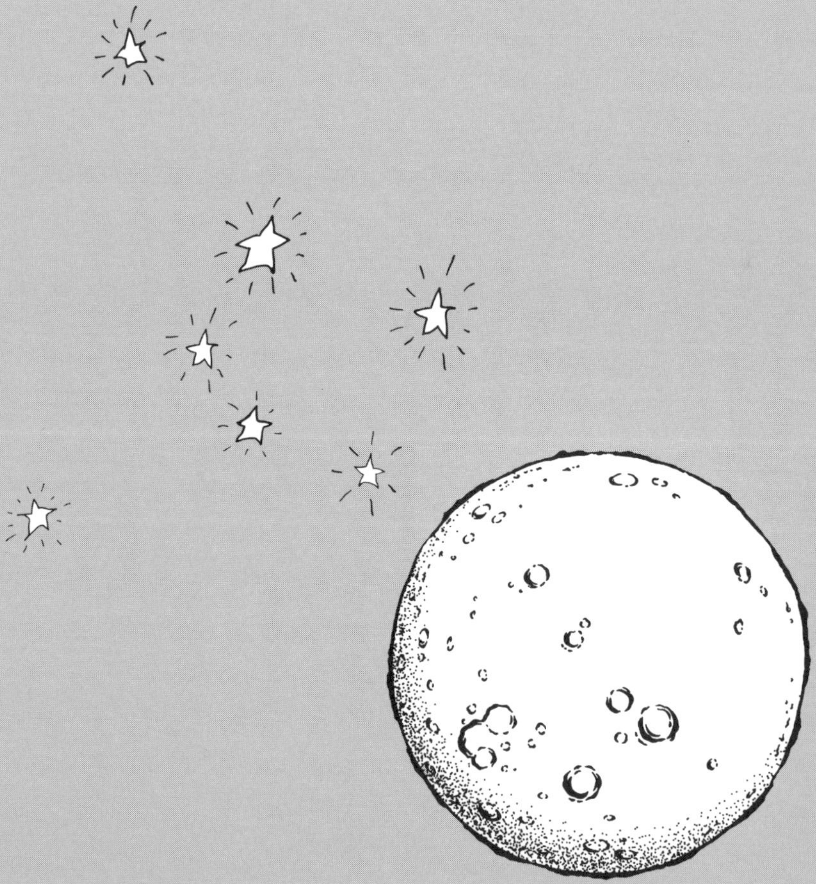

お願いだから もっかい！
もっかい だけ言って！
録音するから！
ハァ
ハァ
尚もって出来兼ねま……
ん？
何か視線を感じる……
ジ……
パーン！
なんだ!?
またヨシオくん狙いの女か!?
Vol. 129
それぞれの稼ぎ方
峰なゆかさんですよね!?
私もAV女優になって峰さんみたいにコラム連載の仕事とかしたいんで事務所紹介してもらえませんか？
その顔と体形じゃ無理だと思うよ
こういう女はクソほど現れた!!

あっ
峰なゆかさんですよね⁉
なんだ⁉
またAV女優経由のライター志望サブカル女子か⁉
え？
サブカル女子？
あっ
違うの？
キュルン
どっちかっていうとオタクです♡
峰さんのファンなんですぅ♡
サインしてくださいっ♡
え……
わざわざDVDまで買って……？
巨大乳房家畜
キュピル
そりゃ買いますよぉ♡
峰さんみたいな体形の人は貴重ですからね！

えーと名前入れる？
レイヤーちゃんへでお願いします♡
レイヤーって何？
コスプレイヤーの略です♡
峰さんもコスプレしましょうよ！
え〜……
私アニメとか詳しくないからなぁ
峰さんなら絶対儲かりますよ♡
キュピ
え!?
コスプレってお金稼げるもんなの!?
ちょっと詳しく話聞かせてもらってもいい!?
ぜひ♡
じゃあ僕お先に失礼しますね

コスプレイヤーはROMっていう電子写真集を一枚1000円くらいで販売してるんですよぉ♡
ぬれぬれ涼宮ハ○ヒ
衣装はフルオーダーすると一着15万円くらいするんですけどお
高ッ!!
コスプレ衣装作るためにこの学校入ったんで私は衣装代はほぼゼロ円ですぅ♡
あとはスタジオ代2万円にカメラマン代3万円に——……
でもカメラマンとセフレになればこれもタダですぅ♡
だから私の場合は持ち出しはスタジオ代2万円くらいですねぇ♡
キャピ

そこから写真を
レタッチして
フォトショで
カバー作って
淫乱
猫村ニャン子
デュプリケーターって機械使うといっぺんに8枚ROM焼けるんですぅ♡
なんかすごい手作業なんだね……
最初は水着から始めるんですけどそのキャラが水着になってる回がないと
「捏造」っていってほかのレイヤーに叩かれるんですよねぇ♡
私は全然気にしないですけどぉ♡
捏造だ！
まだ水着回ないのに捏造してる!!
その後はAVみたいに少しずつ解禁していきますぅ♡
キュポ

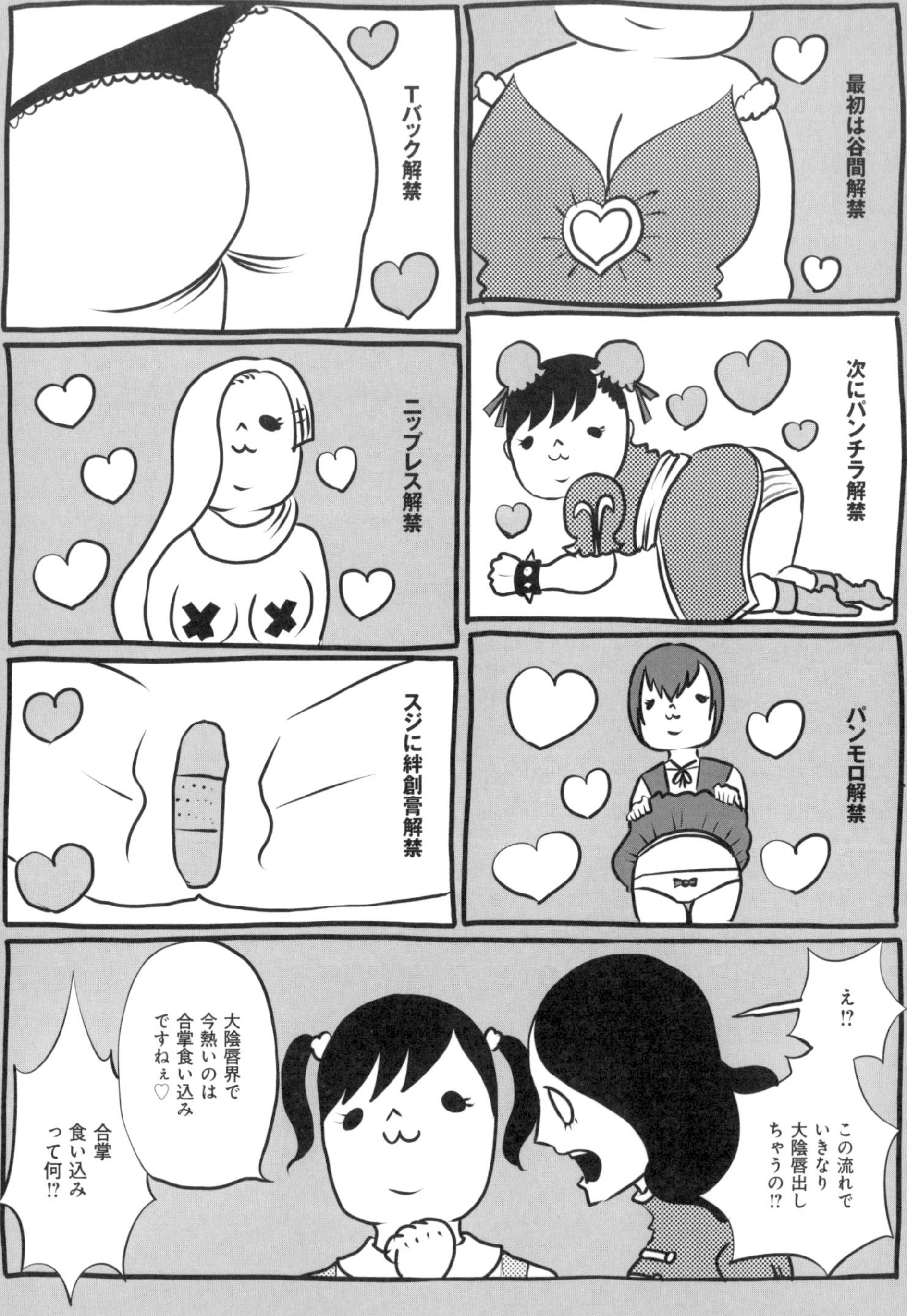
最初は谷間解禁
Tバック解禁
次にパンチラ解禁
ニップレス解禁
パンモロ解禁
スジに絆創膏解禁
え⁉
この流れでいきなり大陰唇出しちゃうの⁉
大陰唇界で今熱いのは合掌食い込みですねぇ♡
合掌食い込みって何⁉

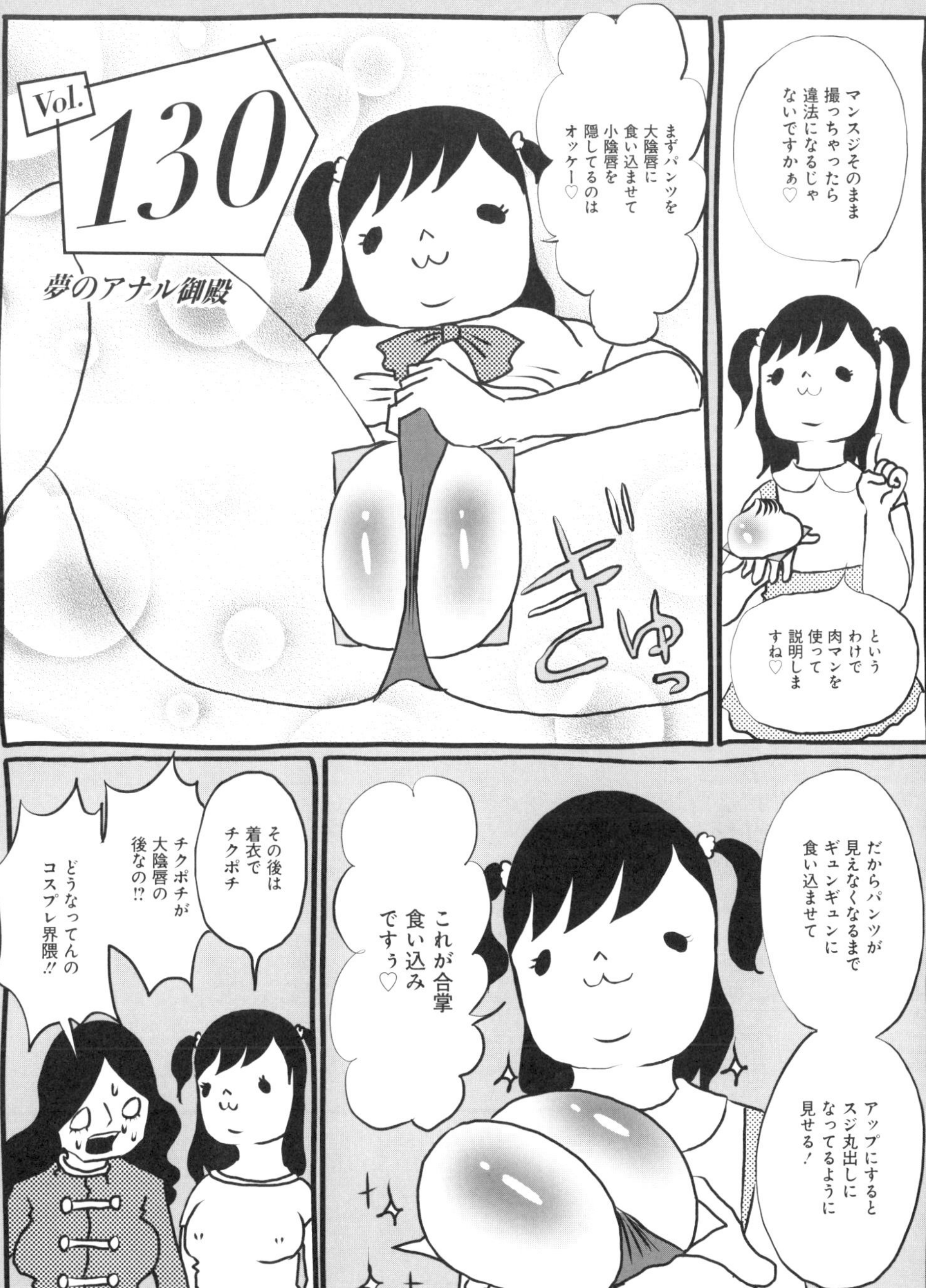

マンスジそのまま撮っちゃったら違法になるじゃないですかぁ♡
というわけで肉マンを使って説明しますね♡
Vol. 130
夢のアナル御殿
まずパンツを大陰唇に食い込ませて小陰唇を隠してるのはオッケー♡
ぎゅっ
だからパンツが見えなくなるまでギュンギュンに食い込ませて
アップにするとスジ丸出しになってるように見せる！
これが合掌食い込みですぅ♡
その後は着衣でチクポチ
チクポチが大陰唇の後なの!?
どうなってんのコスプレ界隈!!

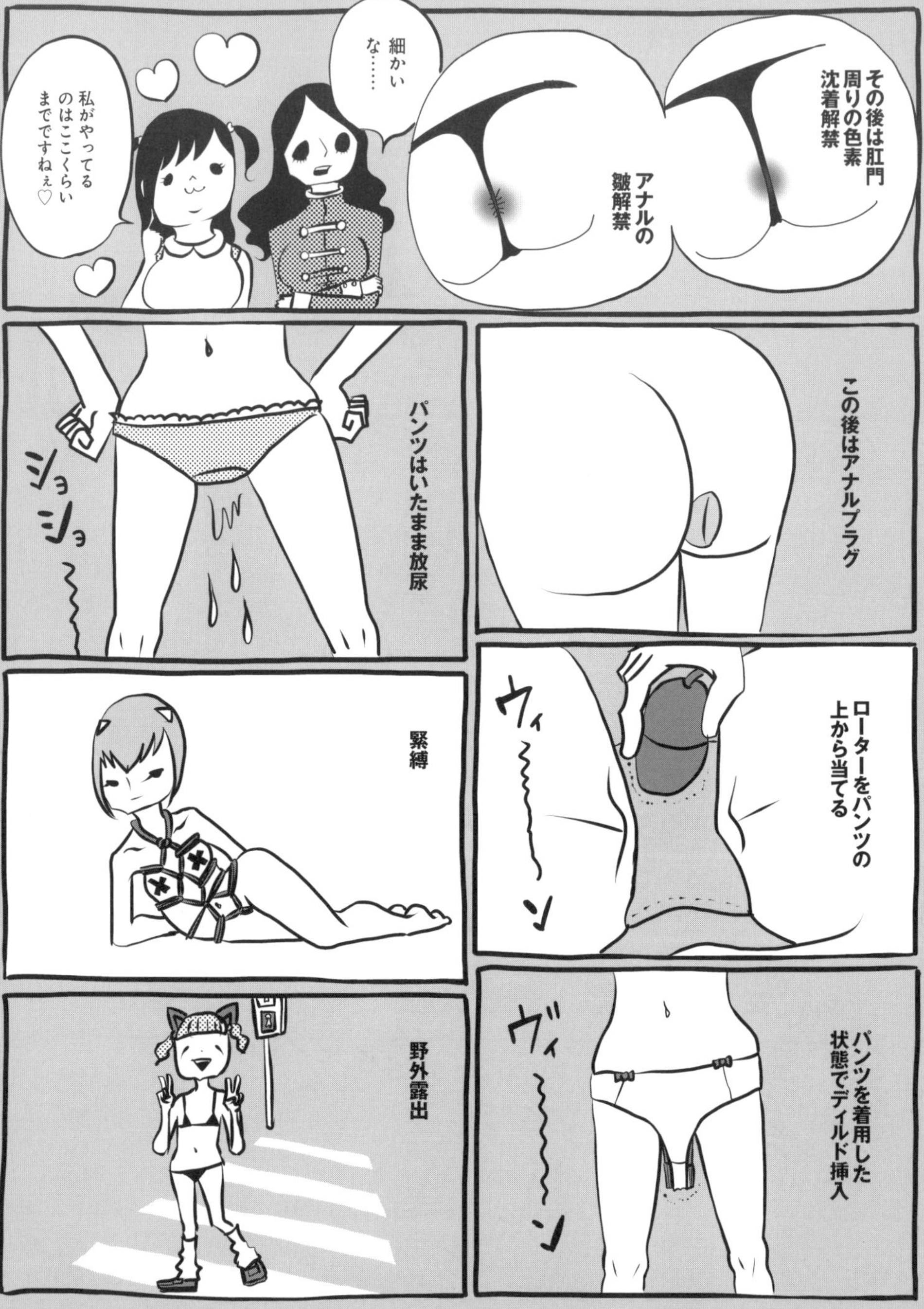
その後は肛門周りの色素沈着解禁
アナルの皺解禁
細かいな……
私がやってるのはここくらいまでですねぇ♡
この後はアナルプラグ
パンツはいたまま放尿
ショショ〜
ローターをパンツの上から当てる
ウィ〜〜ン
緊縛
パンツを着用した状態でディルド挿入
ヴィ〜〜〜ン
野外露出

海で水着着るのはいいけど
OK!
街中で水着着るのは迷惑防止条例違反になっちゃうから
NG
運が悪いと捕まっちゃうんですよねぇ♡
って言っても2度とやらないって念書書いて誰かに引き取りに来てもらえばそれで済むんですけどぉ♡
私は野外露出やってるレイヤー何回か引き取りに行きましたねぇ♡
そのあとはいよいよまんこ見せですねぇ♡
アナルプラグまでやってるのにまだまんこ見せてなかったんだ!?
まんこ見せてるコスプレイヤーは「まんこレイヤー」とか言われて
健全なコスのレイヤーから嘲笑されたりするんですけどひどい話ですよねぇ♡

それでまんこまで見せちゃったら後はもう乳首見せるしかないですねぇ♡
え⁉
まだ乳首見せてなかったの⁉
どんだけ乳首のハードル高いの⁉
……それでさあそのROMっていうのどれくらい売れるの？
私は一枚で5000枚くらいですかね
え……
てことは一枚で500万円ってこと？
中間搾取する人がいないから売り上げは結構いくんですよぉ♡
私はこれを月に3枚作ってます
え……
じゃあ1500万円……
アナルの色素沈着見せるだけで月に1500万円……

私はROMの売り上げで家を買ったんで「アナル御殿」って呼ばれてますぅ♡
新築戸建て 128平米 アナル御殿
その歳で……
家を買った……?
私みたいな中肉中背のブスでこれですから
峰さんなんてもっといきますよ
ズズー…
じゃあ峰さんROM作ることになったら絶対買うから教えてくださいねぇ♡
じゃあそろそろお会計しようか
あっ
お会計別々で
カフェラテ650円
アイスコーヒー500円
これが若くして家を建てた女の経済感覚……!!

痴女さん!!
凄い儲け話を手に入れたんだけど!!
エンジョイ! 音楽は鳴り続ける! イッツジョイン!
コスプレイヤーっていうのがいてアナルの皺見せるだけで家建てたらしいんだけど……
う〜ん……
何?
なゆゆさあ そのレタッチっていうのできるの?
え?
で……できないけど……
カバー作れるの?
カメラマンのあてある?
デュプリケーターって機械使える?
何のアニメが今流行ってるか知ってる?
知らない……
だからさあ そういうのができる子はAVなんて出ないんだよ

Vol. 131
ほらバカでしょ?
その子家買ったんでしょ?
私たちも合計したら家買えるくらいの額稼いでる子いるけど
みんなしょうもないことに使っちゃって貯金なんかなんも残らないじゃん
確かに……?
私たちはバカだからAV出てんだよ
熟女さん見てみなよ
妹ちゃんの援助しなくてよくなったからこれからは自分のためにお金使うわ!!
将来のこと考えて司法書士の資格取るわよ!!
すごいじゃん!
でも司法書士の資格って難しいんじゃないの?
ええ!
だから手始めにカラーコーディネーター検定と和ハーブ検定の資格の勉強中なのよ!
ほらバカでしょ

ウチの坊が
天上天下唯我
独尊ポーズ
とるねん！
これは
神童
やろ!?
今度の現場は
マクドナルド
店内で強行
撮影だよっ☆
え？
税金？
そんなの
払ったこと
ないけど……？
ほらバカ
でしょ？
……
こんだけバカな
ヤツがマトモに
昼職なんてできる
わけないし
？
風俗ですらちゃんと
写メ日記アップして
時間通りに出勤する
なんてできないし
？
生活保護の申請
なんてできる
わけないし
社会福祉課
？
そしたらそういう
バカはAVが
なかったら
どうやって生活
すると思う？

一発５千円で立ちんぼ？
ホームレス相手に５００円でフェラチオ？
AVがあってよかったことない？
だからAVしかできない女ってのはいるんだよ
痴女さんなんてネグレクトされてて
食事の仕方教えてもらえなかったからめっちゃ食べ方汚いし
黒ギャルちゃんは小さいころからお父さんとセックスでしょ
白ギャルちゃんはホストといろいろあったみたいだし
爆乳ちゃんはありがちな貧困母子家庭の世間知らずで

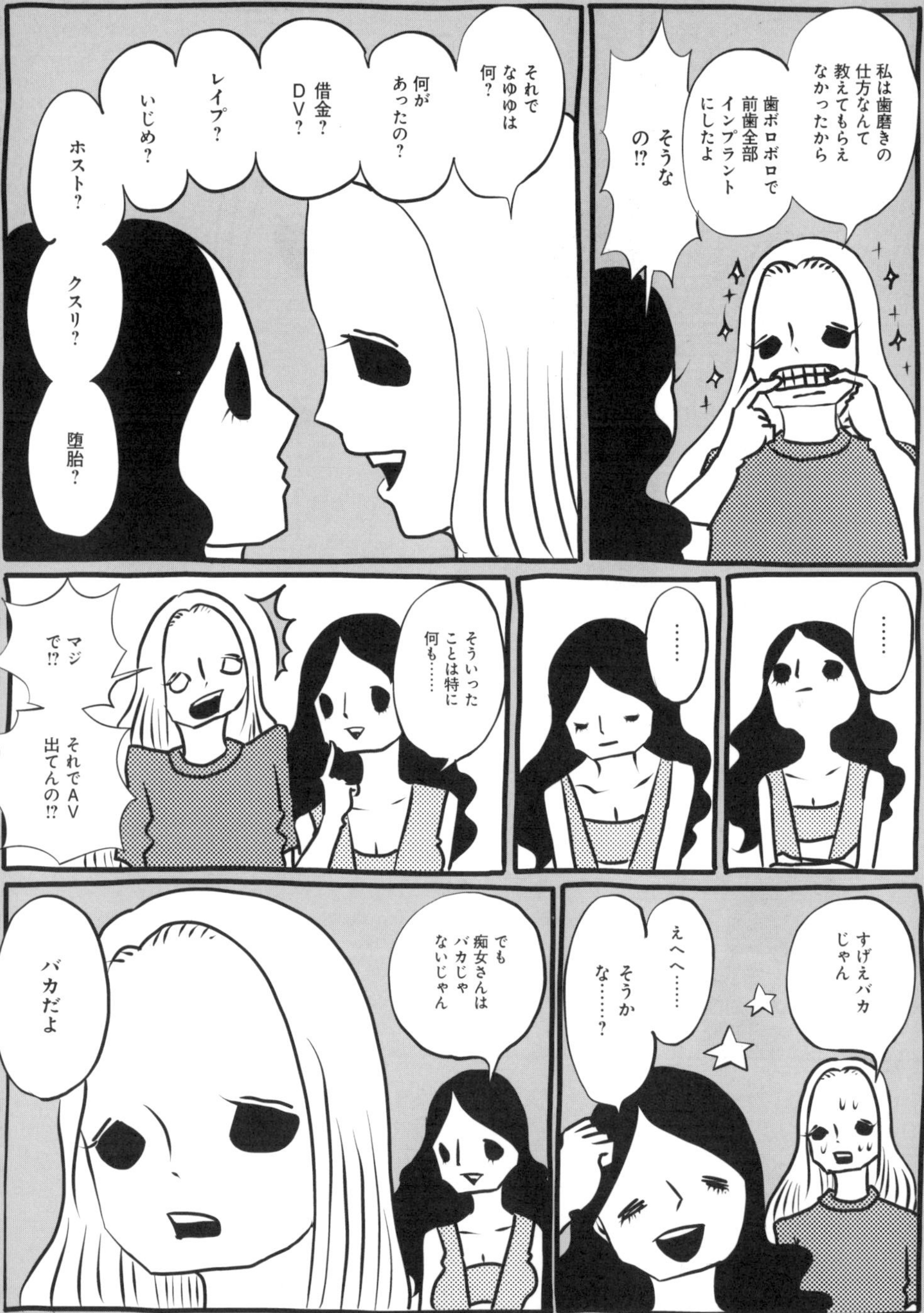

私は歯磨きの仕方なんて教えてもらえなかったから
歯ボロボロで前歯全部インプラントにしたよ
そうなの!?
それでなゆゆは何？
何があったの？
借金？DV？
レイプ？
いじめ？
ホスト？
クスリ？
堕胎？
……
……
そういったことは特に何も……
マジで!?
それでAV出てんの!?
すげえバカじゃん
えへへ……
そうかな……？
でも痴女さんはバカじゃないじゃん
バカだよ

お母さんは綺麗な人だった
あら～
そんな格好で暑くないの？
太陽光アレルギーなんです
だからお父さんもお母さんの顔だけは殴らなかった
お前が近所のヤツらに色目使うのが悪いんだろ
キャアアアアア！
痛い！痛い！
こんなひと悶着があった後にセックスをするのが毎回の流れだった
あっ♡
あんっ♡
お母さんを殴るのは二人なりの前戯であって私はバカだからそのことがわかってなかったのだ

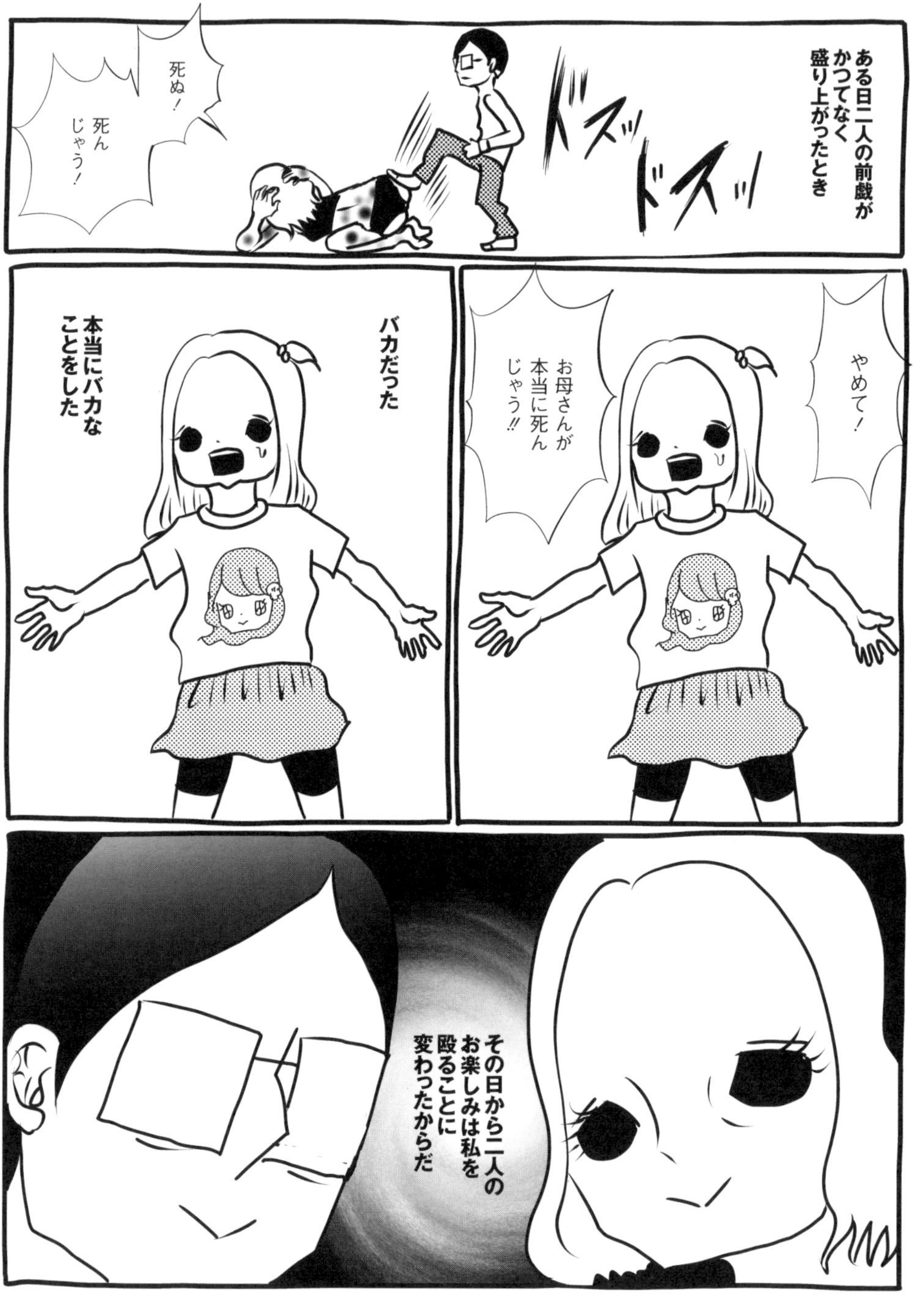
ある日二人の前戯がかつてなく盛り上がったとき
ドスッ
ドスッ
死ぬ！
死んじゃう！
やめて！
お母さんが本当に死んじゃう!!
バカだった
本当にバカなことをした
その日から二人のお楽しみは私を殴ることに変わったからだ

ドスッ
ぎゃあん!
うるせえんだよ!!
ドスッ
ドスッ
おげおげ!!
ドドスッ
う……
にへらっ
何ヘラヘラしてんだよ!!
ドスッ
おげげ!!
や……
やだ……
それだけはヤダッ!!
何?
いっぱい打ってほしいってこと?
ダニアース
ギャアアアアアア!!
Vol. 132
両親から学んだこと
ブシュー

うちの子も太陽光アレルギーだったみたいで……
黒い長袖とタイツ脱がさないようにしてください
男子は外10周!
女子は5周!
ハアハア……
フラ……
バタン!!
せんせー!
熱中症ですね!
とりあえず服脱がして……
は……
これは……
児相に連絡ですね

というわけで私は児童養護施設に保護されることになった
両親は激しく反対したらしい
ギャ
ギャ
もうセックスレスになっちゃった二人の唯一の遊び道具がいなくなるのだからそらそうだ
じゃぁ自己紹介してください
凡庸小学校から転校してきました
ENJOY!
みんな仲良くしてあげてね！
お前さー孤児院入ってんだろ？
俺のカーチャンが言ってたぜ
虐待？
ヒョイ
ヒョイ
虐待？

私は両親から効果的に相手にダメージを与える方法と痛めつけた相手の心を掌握する方法を学んだ

両親から学んだことはAVで存分に発揮されているので
そこだけは親に感謝している

それからも
相変わらず
私はバカだ
履歴書買って
みたら前科書く
欄なんて
なかったんスよ
そんで面接で
「前科ありますか？」
なんて聞かれない
じゃないッスか
だからあんな
クソ事務所
辞めて不動産の
営業の就職決めて
きたッス！
というわけで
痴女さん！
二回目になる
ッスけど……
俺と結婚して
ほしっス!!
うん
いいよ
ほうらバカでしょう

Vol. 133
オイ!カットだよ!
アダルトビデオ日本一決定戦が開催されることになったぞ!
各メーカーでこれぞというAVを作ってエントリーし
最も売り上げが多かったメーカーが優勝だ!
優勝賞金は一千万円!
それってADにも分配されるんですかね!?
もちろんだ!
うおおおおお!!
豪華メンバーを揃えて内容もバラエティ豊かに充実させたぞ!

峰さんは緊縛解禁！
爆乳ちゃんはアナル解禁！
熟女さんは童貞筆下ろし！
白ギャルちゃんはゴキセックス！
痴女さんは今作で引退！

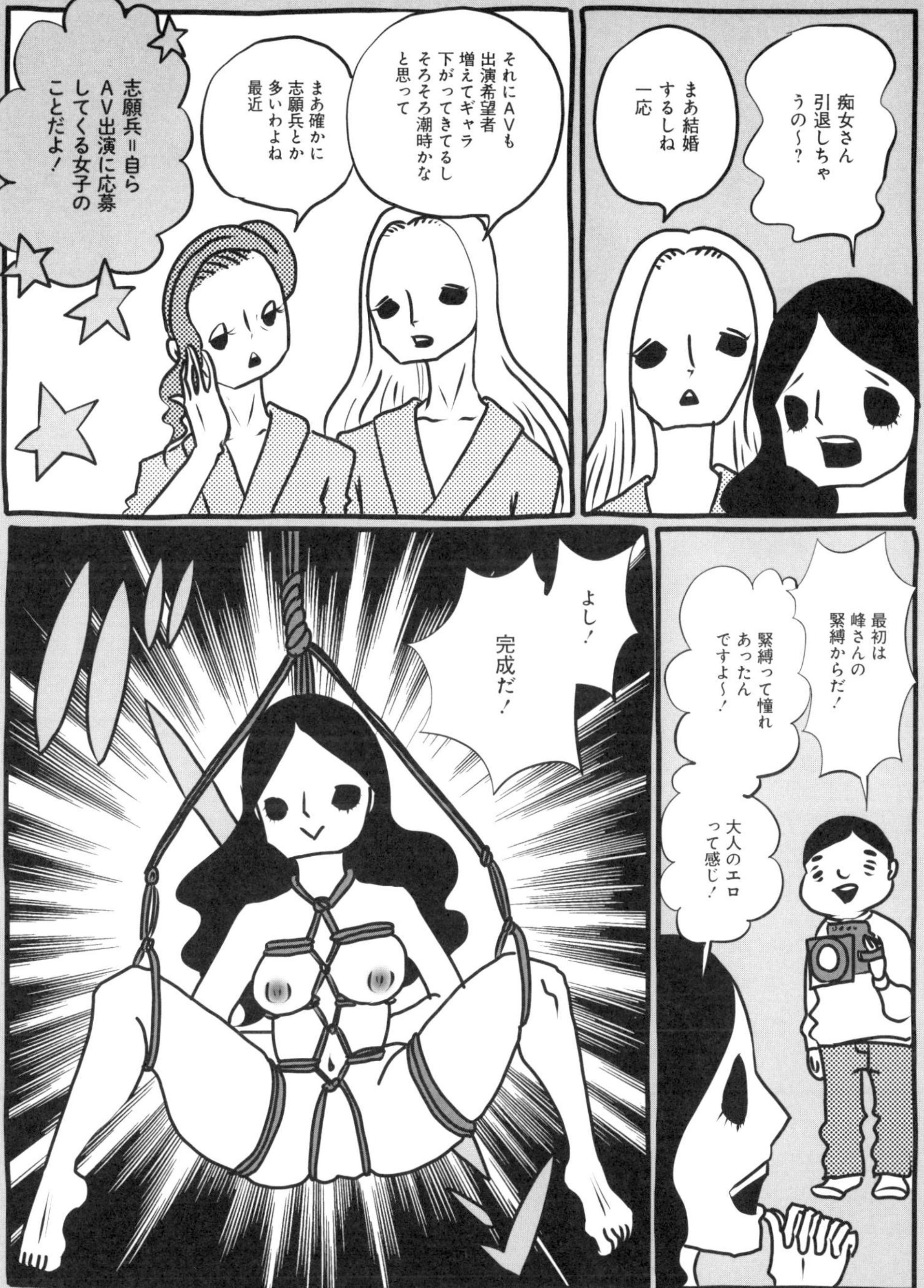

痴女さん
引退しちゃ
うの～？
まあ結婚
するしね
一応
それにAVも
出演希望者
増えてギャラ
下がってきてるし
そろそろ潮時かな
と思って
まあ確かに
志願兵とか
多いわよね
最近
志願兵＝自ら
AV出演に応募
してくる女子の
ことだよ！
最初は
峰さんの
緊縛からだ！
緊縛って憧れ
あったん
ですよ～！
大人のエロ
って感じ！
よし！
完成だ！

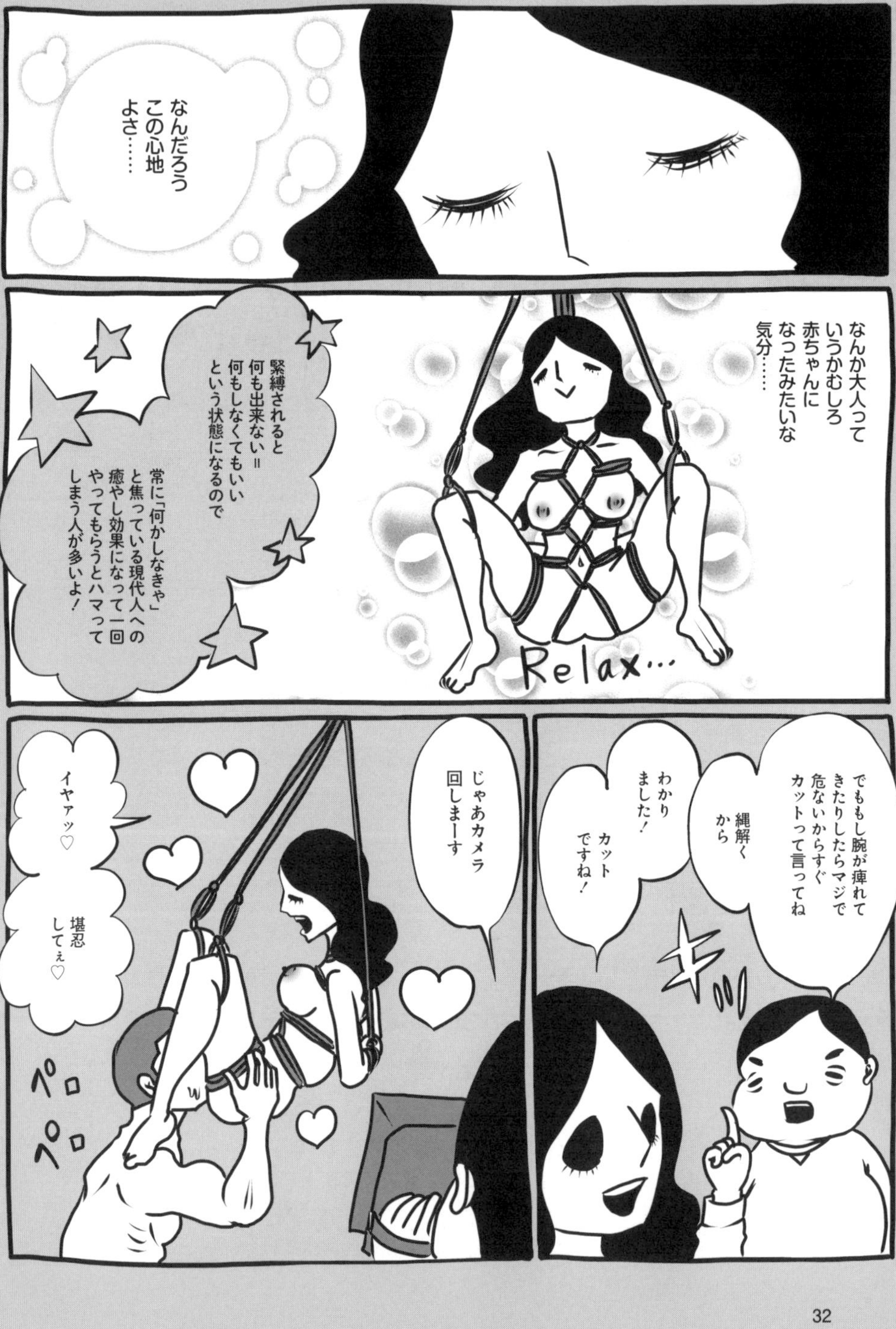
なんだろう この心地 よさ……
なんか大人って いうかむしろ 赤ちゃんに なったみたいな 気分……
緊縛されると 何も出来ない＝ 何もしなくてもいい という状態になるので
常に「何かしなきゃ」と焦っている現代人への 癒やし効果になって一回 やってもらうとハマって しまう人が多いよ！
Relax…
でももし腕が痺れて きたりしたらマジで 危ないからすぐ カットって言ってね
縄解く から
わかり ました！
カット ですね！
じゃあカメラ 回しまーす
イヤァッ♡
堪忍 してぇ♡
ペロ ペロ

じんじんじん
あれ……
なんか左腕が痺れてきたぞ……？
カットー！カットで！
ちょっと!?
マジで危ないんじゃないの!?
もう少しでフィニッシュだからがまんして
ギリ……
くそっ
こうなったらさっさと射精させるしかない……！
精子欲しいッ♡
早くぅ♡
早く精子ちょうだいっ♡
パンパン
焦《あせ》らされると余計に時間が……
じんじんじん
オイ！
カットだよカット!!
腕めっちゃ痺れてるんですけど!?
縄結び直すと現場押しちゃうから

ピュ ピュ…
ジュル…
全然痺れが取れない……
じん じん じん
これっていつまで続くんですか?
数時間って人もいれば一生続く人もいるね
怖すぎるんですけど!?
じん じん じん
手をグッパすると治りやすいみたいだよ!
グッパ! グッパ!
こうして私は数か月左手をグッパする生活を送ることとなった!
グッパ グッパ
グッパ グッパ
グッパ グッパ

次は爆乳ちゃんのアナル解禁だね！
男優さんはプロだからそこらへんの素人とするより全然痛くないし
むしろハマっちゃう子も……
あっ
私アナル慣れてるんでその嘘はつかなくて大丈夫ですよ
最初のうちはちょっと痛そうな演技すればいいんですよね？
う……
うん……
ヌヌッ
じゃあアナル挿れちゃうよ？
い……っ
痛……
Vol. 134
童貞大好き♡
お尻痛……
痛気持ちいい……ッ♡

イヤッ♡
お尻の穴で感じちゃうなんて恥ずかしいよぉ♡
ヌプッ
らめぇ♡
お尻の穴におちんちんズボズボされてイッちゃう♡
アナルでイッちゃうなんて変態になっちゃうよぉ♡
ヌプ
ダメッ♡
お尻でイクーッ♡
ヌプ
最初はあんだけマグロだった爆乳ちゃんがいまやアナルでアヘ声を……
しみじみ
嬉しいやらちょっと寂しいやら……

熟女さんの相手選びは難しかったんだよ〜
筆下ろししてほしい童貞を募集したらどう考えても童貞じゃないだろってヤツの応募ばっかりでさ〜
上から自撮り
明らかに妻子がいる
ブリーにイケメン
そんな中で「就活か？」みたいな内容の自己アピール文送ってきたヤツがいてさ
私の長所はどんな時でも
諦めない姿勢です。私は
決して異性から好まれる
外見とは言い難いのですが
中学生から毎日御社の作品を
拝見して来たる日に備え知識
の研鑽、イメージトレーニングを
現在まで欠かしておりません
から童貞を捨てる夢
この度御社
コイツは絶対童貞だって満場一致で決定したのが……

彼だ!!
あ……
ども……
へえ本当に童貞なのね?
わたし童貞だ~い好き♡
かわいいわぁ♡
あ……
え……
いや……
おっぱい触ってみる?
あ……
はい……
私にも触らせて?
ドピュピュッ
あ……

あらっ！もう射精しちゃったの!?
あ……ごめんなさ……
いいのよ♡
童貞って感じで興奮するわあ♡
童貞の醍醐味
ぞくぞくっ
ハァ
ハァ
大丈夫よ♡
まだ若いんだからもう一回くらい射精できるでしょう？
あ……ッス……
今度はすぐ出さないようにね？
さわ….
気持ちいい？
ジュポジュポ
あ……
はい……

あ……
でも……
もうちょっと
バキューム
強めで……
ジュルルルルル
あら……
そう……
あ……
もっとカリ裏を
刺激する
感じで……
ぷろぷろ
そう……
けっこう
リクエスト
多いわね……
ん?
なんか体勢を
変えてきた
わ……?
バーーン!
アナルを舐めて
くれポーズ!!
これは……ッ

Vol. 135
AV志願兵
コイツ……真正童貞じゃなくて素人童貞なだけじゃねえか!!
解説しよう!
何も知らない真正童貞と偏った知識を身につけた素人童貞の間には
決して埋まることのない深くて暗い溝があるよ!
真正童貞
女の身体には三つの穴があるって本当なんですか!?
素人童貞
性行為と言えば全身リップにアナル舐め、3千円でアナルファックのオプション……
素人童貞よりかはヤリチンのほうがまだマシ!!
童貞
一般人
ヤリチン
素人童貞
ドキ
ドキ
まだかな…?

さっさと終わらせちゃいましょう
ズボ
あっ♡
これで僕やっと童貞捨てられたんですね！
長年コンプレックスだった素人童貞からついに……!!
プロのAV女優とセックスしたところで素人童貞は素人童貞のままだと思うんだけど？
あら？
ちんこが萎えてきてるわ……
ピストンを速くして……
せっせっ
せっせっ
せっ
あの……
結構前にイッてます……
はよ言えや!!
ブチィ

ドサッッ
はぁ
なんかドッと疲れたわ
あら？
妹ちゃんから着信が……
もしもし？あーしだけど
お姉ちゃん！
旦那がDVするし家にお金も入れなくて……
私もう離婚することにした!!
高校生に手を出すビデオボックスバイトの30歳らしい行動じゃん
だから言ったっしょ
それで私もAV出ることにした！
もしかしてあーしがAV出てんの知ってたの!?
ううんやる気茶屋で働いてるってのはさすがに嘘だと思ってたけど
クラブとか愛人業とかせいぜい風俗だと思ってた
え……
「私も」って……
「も」って何……？
プルプルプルプル

でも旦那に
お姉ちゃんの
写メ見せたら
すぐ熟女さん
って名前でAV
やってるの
教えてくれたよ
ギギ…
くっそ……!!
さすがビデボの
バイト……!!
でも妹ちゃん
までAV出るの
なんてダメに
決まってる
っしょ!
なんでAV出てる
お姉ちゃんに
そんなこと言われ
なきゃいけないの!?
プーン!!
あのね
妹ちゃ……
……
娘ちゃん……
妹ちゃんは本当は
妹じゃなくて
私の子なんだよ

私が産んだ
私の大切な
娘ちゃんなの
親として娘がAV
出るの止めるの
なんて当たり前
だろが!!
え!?
本当に!?
カーチャンかなり
高齢出産したん
だなとかは思って
たんだけど……
カーチャン
じゃなくて
お姉ちゃんが
私の本当の……
お姉ちゃ……
お……
お母さん……?
娘ちゃん……♡

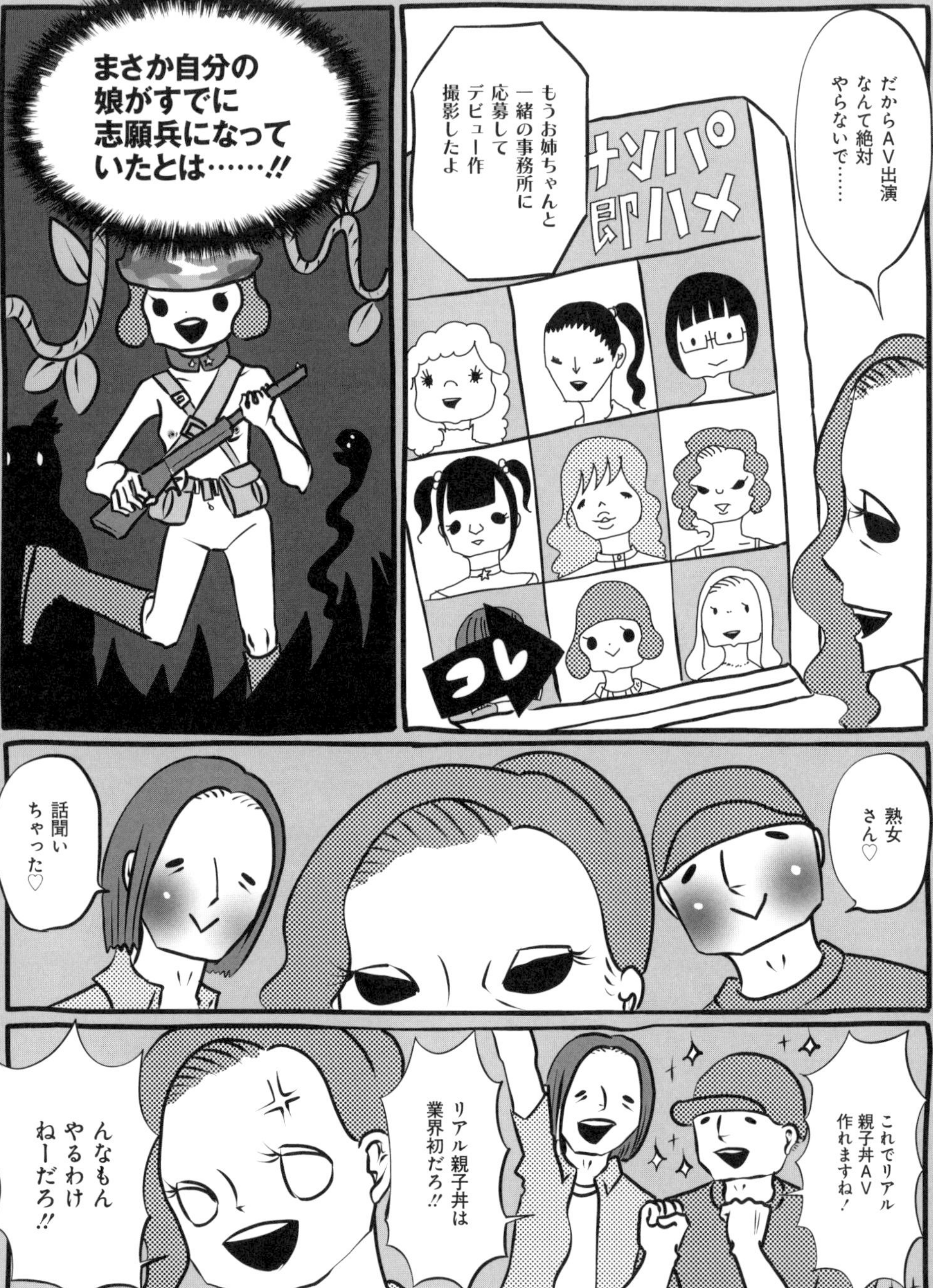
だからAV出演なんて絶対やらないで……
もうお姉ちゃんと一緒の事務所に応募してデビュー作撮影したよ
ナンパ即ハメ
コレ
まさか自分の娘がすでに志願兵になっていたとは……!!
熟女さん♡
話聞いちゃった♡
これでリアル親子丼AV作れますね!
リアル親子丼は業界初だろ!!
んなもんやるわけねーだろ!!

白ギャルちゃんのゴキセックスって何？
ゴキブリにまみれてセックスするナリよ〜
え!? それ大丈夫なの!?
ピス
ピス
餌用に繁殖させたゴキブリをペットショップで買ってきてるから別に汚くないナリよ
そ…… そうかな……？
このシーンはAD君に監督任せようかな！
ゴキブリが恐い監督くん……
ヨッシャ！ AV日本一決定戦出品作品の1シーンを任されたぞ！
これは俺の力量をアピールしなくちゃな…!!
Vol. 136
幻のフェザータッチ
まずは透明ケースの中にゴキブリを撒いてその中でセックスだ！

……白ギャルちゃんはゴキブリ大丈夫なの？
私北海道育ちだから「珍しい虫」って感じで
みんなが抱いてるゴキブリへの特有の恐怖心とかはないナリ
ん～
俺は普通にゴキブリ恐いで～す！
ゴキィ…
あん♡
ゴキブリさんが私の体の上を這い回っててエッチナリ♡
パンパン
ただでさえゴキブリってだけで萎えるのに潰れて汁が出てたりするとさらに萎えるな……
あっ♡
あっ♡
ぐちゅ……
いやがんばれ俺！
ゴキブリが体を這うのを美女たちのフェザータッチに脳内変換するんだ！
クス
クス
クス
クス
フフ…
クス

ピュピュピュ…
ザザッ
お疲れ様です〜
あっ
白ギャルちゃんはまだやることが残ってるよ
え？
まずクスコで膣を広げて〜
クスコ
パカ
？
そこにゴキブリを投入！
ザ
キャアアアアアアア!!
痛アッ！
噛まれてる！
痛い！

さらに膣内が写せるカメラを挿入して中の様子を撮影！
膣内は内臓であって猥褻物ではないのでモザイクなしで収録できるよ！
う〜ん……
ゴキブリが膣内を動き回る姿撮りたかったんだけどもう大体死んでるな……
しん……
死
死
死
もっと……
ん？
もっとゴキブリさん欲しいナリィ……
さすがアブノーマルAV界クイーンの根性!!
ああっ♡
イキのいいゴキブリさんが入って……痛ッ!!
痛い！
ゴキブリさんに膣内噛まれて痛気持ちいいナリィ♡
ビクンビクンッ
カットー!!

引退作はM男くんのアナルをペニバンで責める……
いつも通りの流れだな
あれ？
M男くんなんか落ち込んでる？
はぁ……
つい最近親にAVバレしまして……
なんで？
お父さんがM男くんのAV観たとか？
いやうちシングルマザー家庭なんで……
お母さんが田舎から珍しく俺んち来たとき……
もしかしてアンタ……
AV出てる？
えっ!?
な……なんで!?
今どき白ブリーフなんてはくのAV男優くらいでしょ!?
GUNZE

って言われて……
うぅ……
アッハ！ウケる～！
メイク終わりました～
痴女さん入りまーす！
ガチャ
よろしくお願いしま……
ズラ ズラ ズラ ズラ
え……誰この人たち……？

Vol.137
戦いの果てに
はーい！
引退作ドッキリ～!!
いつもは男を責めたおすプライドの高い痴女さんが
引退作は20人の男たちに無理やり輪姦されるという大興奮のシチュエーション！
パフパフ～!!
これ撮るんならP君が会社の金を横領してること会長にチクるよ
ちょ……ッ！
シーッ!!
解散！
みんな解散でやっぱいつも通りM男くんとの絡み撮りまーす！
……M男くんもグルになってドッキリに協力してたんだね？
う……
はい……

こういう時のためのペニバン用意しといて良かった〜
はー終わった終わった！
みんなで飲み行こっか！
今日は吐くまで飲むわよ！
痛ッ！たぶんまだゴキブリの脚残ってるナリ〜
またカラオケでも行くー？
ねえこのスタジオ絶対笹塚のとこナリよね？
このソファの染み私がつけたのよ！
君と僕のAh~Wow 永遠にエターナル
フフン
カラオケやテレビ番組の再現映像などでは安いAVスタジオが使われることがままあるのでソファに謎の染みがついていることが多いよ！
ワイ
ワイ
ちょっとこの曲私の十八番なんだけど!?
先に入れたもの勝ちよ！
ギャ
ギャ
黒ギャルちゃんがいないと寂しいな……
何してんだろ……

黒ギャルちゃんはソープの講習を受けていた！

キュッ
違う！
グラスについた口紅は拭く！
この店は三抜きが基本だからね！
三抜き……？
待合室から移動するときは手を繋ぐ！
部屋に入ったら三つ指ついてお出迎え!!
まずはお客様の服脱がせて即尺
ぬぎっ
ベッドに移って即即で一発抜く！
ええっ！
講習員さん乳首ごっついピンクやん！
こちとら生理上がって何十年も経ってんだよ！
おばあちゃんになると女性ホルモンの分泌が少なくなるので乳首やまんこの色素が抜けてきれいなピンク色になるよ！

その次はお客様の体に陰毛を擦り付けて……
タワシ洗い！
それから膣に一本ずつお客様の指を挿れて……
壺洗い！
これ余計に汚のうなっとらへん？
その後は客を風呂に漬けてる間にローションの準備して……
マットがソープの見せ場だからね！
技覚えてもらうよ！
バシャ
バシャ
金のシャチホコ！
鯉の滝登り！
黄金の鳴門海峡！

うう……
もう覚えられへん……
風呂場でも一回抜く！
でも120分で三回も抜くって男が10代とかじゃないと無理あらへん？
そこをきっちり抜くのがあちしらの仕事なんだよ！
その後はまたベッドに移って最後にもう一回抜く！
これで三抜き!!
時間になったらまた手を繋いで待合室まで一緒に歩く！
笑顔で！
背筋伸ばして！
最後まで気を抜かない！
じゃあ今日の講習代8万円ね
たっか！
120分でお客様がアンタに払う金額と同じだよ！

後はここから在籍費が月に3万円
雑費1日1万円
お昼ご飯代1日1500円が引かれます
コレ
在籍費って何⁉
お昼ご飯ってもしかして待機室に置いてあったコンビニおにぎりのこと⁉
あれが1500円⁉
つーか雑費1日1万ってなんなん⁉
えーと……
水道代とか……
ゴニョゴニョ
どんだけ水使うねん！
後はこの店で着るドレス
ブランド決まってるからその中から選んで自分で買ってね
え……
たっか！
10万円くらい
でもまあAV女優の黒ギャルたんがソープに在籍！
ルン
ルン
ってことになったらすぐ指名入って取り戻せるやろ
いやAV女優が在籍してるって宣伝できないんだよ
なんでなん⁉

日本では本番するのは違法だろ？
だからソープは飽くまでただの銭湯であって
そこにやってきた客と従業員の女がたまたま恋に落ちて
本番をしちゃったっていう体裁で営業してんだよ
LOVE 一目惚れ
キュン……
めっちゃ無理あるやろ……
でもその従業員にAV女優がいるって宣伝すると
本番のために営業してる店だってことで摘発されやすくなんだよ
なんで銭湯の従業員がAV女優やったら本番目的扱いされるねん!?
職業差別やん!!
Vol. 138
銭湯でたまたま恋に落ちました
だから黒ギャルたんの名前もこうしている
黒ギャ〇たん
これでオッケーになる日本の法律!!
意味わからへん!!

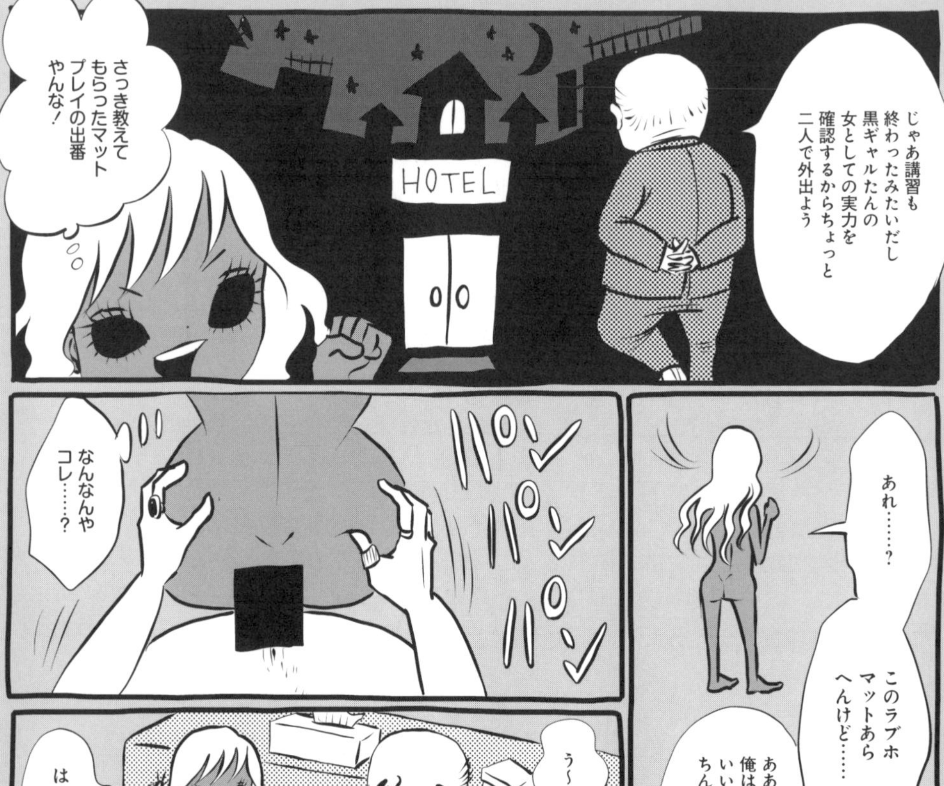
じゃあ講習も終わったみたいだし黒ギャルたんの女としての実力を確認するからちょっと二人で外出よう
HOTEL
さっき教えてもらったマットプレイの出番やんな！
あれ……？
このラブホマットあらへんけど……
ああ俺はマットとかはいいからとりあえずちんこ舐めて
パンパンパンパン
なんなんやコレ……？
う～ん……
星2だな！
はぁ……
え……？
コレ金もらえへんの？

じゃあ待機室で待ってて
ウィース
ガチャ
あれっ⁉ 杏さん⁉
黒ギャルたん‼
杏さんなんでソープに……？
私まんこ弱めだから本当はソープ苦手なんだけど本指をナンバーワンにするためには
デリだけじゃ無理だと思ってソープに移ってきた
カチ
杏さんもオーナーとセックスしました？
したした
星5って言われたよ
プハー
オーナーのお気に入りになったってことだね

フリーの客積極的につけてもらえたり
遅刻の罰金見逃してくれたりするよ
ウチ星2って言われてんけど……
あ～
それはちょっと難しいな……
そんなテストやってわかっとったらもっとAV仕込みのリアクションしたのんに!!
ドンッ
あ
フリーのお客様入りました
杏さんお願いしまーす
はーい
写真指名入りました
杏さんお願いしまーす
はーい
シ～ン
京香さんお願いしまーす
瑞稀さんお願いしまーす
また杏さんお願いしまーす
優樹菜さんお願いしまーす

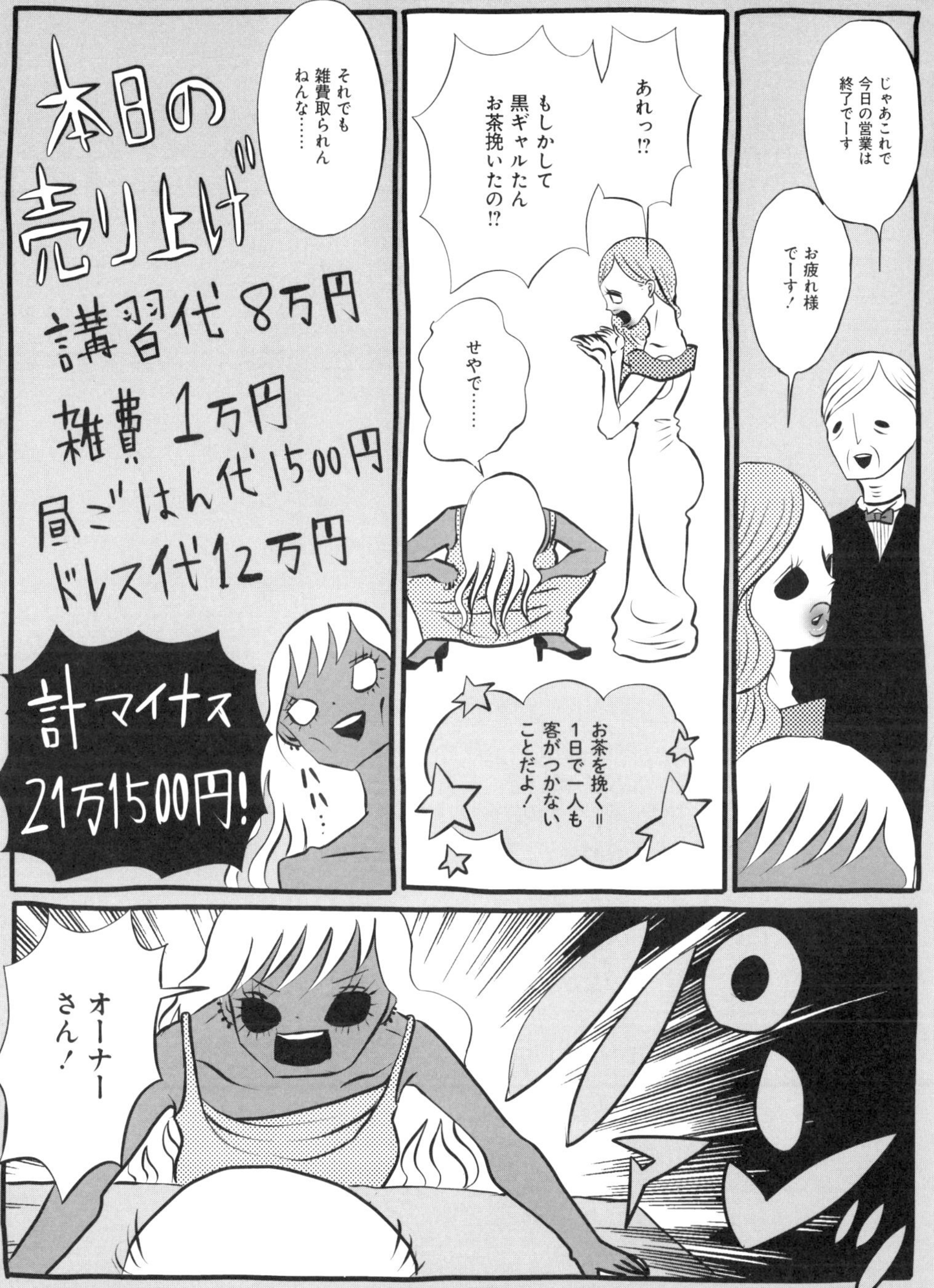
じゃあこれで今日の営業は終了でーす
お疲れ様でーす！
あれっ⁉
もしかして黒ギャルたんお茶挽いたの⁉
せやで……
お茶を挽く＝1日で一人も客がつかないことだよ！
それでも雑費取られんねんな……
本日の売り上げ
講習代 8万円
雑費 1万円
昼ごはん代1500円
ドレス代12万円
計マイナス
21万1500円！
オーナーさん！

オーナーさんのごっついちんぽ忘れられへんくて……♡
もっかいウチとセックスしてくれへん……？
え？
俺は全然いいけど……
んあああっ♡
ウチもうアカンッ♡
イクッ♡
潮吹いてまうッ♡
ギシ ギシ ギシ ギシ
あひゃあああああん♡
プシャアッ
星5ッ！
星5ッ！
フリーのお客様入りました
黒ギャルたんお願いしまーす
プワス
ヨッシャ！
初めての客!!
いてこましたる!!

本日はお越しいただきましてありがとうございます
お足元お気をつけくださいませ
黒ギャルたんと申します
どうぞよろしくお願いいたします
まずは即尺……っつってもまたデリの客みたいにチンカスまみれやったらどうしよ……
ジ〜〜〜
ふわぁん
フローラルの香り……
高級店客の礼儀
Vol. 139

えっ!?
風呂入って来てくれたん!?
そりゃもちろん即尺してもらうんだから事前にシャワー浴びてくるのは当然でしょ
あっ
お飲み物何にしますか?
ウーロン茶かポカリか……
お酒好き?
シャンパン買って来たんだけど
めっちゃ好きです!
次はマット……
習った技を見せる時や……
ゴロ
ゴロゴロ
すっ……
すんません!!
いいよいいよ
新人さんなんでしょ?

じゃあ最後にベッドでもう一回……
いやー
俺けっこういい歳だからもう抜きは大丈夫だよ
時間までゆっくりしてよ？
あ
ちなみにコレ初めましてのプレゼントね
コンビニスイーツやろ？
あざーす
タバコ吸うんならいいから吸ってもいいからね
そんなんええんですか!?
SK-IIのパック…
SK-II
杏さん！
しょっぱなからめっさいい客に当たってんねんけど!!
高級店の客はみんな大体そんな感じだよ～
お金あって余裕あるし
医者とか弁護士とか堅い仕事の人多いから礼儀正しいし

杏さん明日から部屋付きになります
わーい♡
部屋付き……？
大体全部の出勤時間が指名で埋まっちゃう子はその子専用の部屋が与えられるんだよ
プレイの後の片付けも黒服がしてくれるからその間に化粧直しとかできるし
杏さんは部屋付きでゆっくり化粧直し……
ウチはローションまみれの風呂場を自分で掃除する……
くそっ！
ローション全然落ちへんやんか！
しかし黒ギャ●たんソープ在籍情報はすぐに2ちゃんねるなどに書き込まれ黒ギャルたんも予約で埋まるようになった！
俗総合スレ
キター(ﾟ∀ﾟ)ー!!!
どこの店？教えて
エロい人！
吉原の聖女倶楽部
黒ギャルたん本指のお客様でーす
ハァ
ハァ
ハァ
RALE
つっても客層がまたファンの人になるねんな……

DAY1
あの……
これプレゼントの手作りおにぎりです……
ありがとさん！
今お腹いっぱいやから後で食べるねんから！
DAY2
あの……
これプレゼントの手作り卵焼きです……
ありがとさん！
今お腹いっぱいやから後で食べるねんから！
黒ギャルたん今日から部屋付きです
ヨッシャ〜！
あれ？
ここ杏さんの部屋やない？
杏さんは指名減ったんで部屋付きじゃなくなったんですよ
シュパッ
杏さん！
どうしたねん!?
いやー
この間本指のホストのバースデーで一千万のドンペリタワー入れて
ナンバーワンにしてあげたらなんか目標達成して燃え尽きたっていうか……
ホストはもういいやってなっちゃって……
そしたら何のためにお金稼いでるかわかんなくなっちゃって……
黒ギャルたーん指名でーす！
あっはーい！

またオタク君からの本指でーす
ガタ
はーい
またオタク君からの本指でーす
ガタ
はーい
ところでオタク君ってなんの仕事してるの？
弁護士？
医者？
えっと……
確か廃品回収の仕事やったような……
実家暮らしやから割と貯金あるらしいで
え⁉
それでよくこの店来れるね⁉
トスン
そっか～
それならよかった～
なんでなん？
借金したりとか無理して来る人はちょっと危ないから気をつけたほうがいいんだよ

しかしオタク君が10年かけて貯めた貯金はここ2か月ですでに底をつきかけていた
月4万円貯金×10年=480万円
2ヶ月ほぼ毎日来店
……
ゆうちょ
これが最後の8万円……
あの……
今日からしばらく来られなくなると思うから
これ最後の特別なプレゼントの……
ありがとさん！
今お腹いっぱいやから……
後で食べ……
Vol. 140
泳ぎ続けてないと死んじゃうの

ドス？
ギャア――――!!
なんなん!?
何しよるん!?
黒ギャルたんに会えないくらいなら……
黒ギャルたんを殺して僕も死ぬ！
うおっ！
めっちゃ血ぃ出よるやんけ!!
ドクドク
ガチャ
黒ギャルたん!?
どうしました!?
テメエ何やってんだ!!
天国で僕たちは永遠に結ばれるんだ!!
ギャア――――!!

パチ…
黒ギャルたん!
心配したよ~
傷は浅いって!
ところでこの人は?
ああ……ウチの彼氏
前のデリの運転手くんやで
ちなみに今どんくらい増えよるん?
かなり順調に増えてるよ!
明日には通帳持ってくるから
え……
運転手くんってこんなイケメンだったの!?
ワシャシャ!
せやで!
しかもウチの稼いだ金投資で増やしてくれよるねん!
あっ!
腹痛ッ……

とか言いつつ運転手くんは黒ギャルちゃんの金で闇カジノに通っていた!!
クッソ!
次の一回で今までの負けを取り戻す!
すんませんレッドブルください!
1~12
全額ベット!
明日通帳持ってくっつったのに……
どうしよ……
プルルル…
もしもし?
運転手くん?
杏さんですか
ちょっと僕いま雑談してる場合じゃ……
あのねっ♡

わたし飛田新地のちょんの間に移ろうと思ってるんだけど
運転手くんも一緒に来ない？
私がお小遣い作ってあげるから♡
マジですか!?
ガタッ
じゃあ明日の新幹線の予約しちゃうね♡
俺――……イケメンでよかった――……
ごめんね黒ギャルたん♡
わたし泳ぎ続けてないと死んじゃうの♡

俺たちの新しい生活の始まりだな！
運転手くんのためにも仕事がんばるぞ〜♡
この時の杏さんはすでにHIVに感染していたがそれはまた別のお話
ガチャ
運転手く〜ん！
もう退院してもええって！
忽然……
着拒…
貯金ゼロ…
3,186,923
4,922,178
5,121,384
6,832,219
7,658,993
0
これやから男はイヤやねん!!

これだから女はイヤナリよ!!
だって次は犬とセックスって……
そりゃ心配するよ！
それって絶対病気とか危ないでしょ!?
そんなこと爆乳ちゃんに心配されるいわれはないナリ！
そんなことないもん！
Vol. 141
親友だと思ってた
だって……
だって私たち付き合ってるでしょ!?
はい？

だってほら……
おいし～！
爆乳ちゃん絶対いいお嫁さんになるナリね？
人多いねー
はぐれないように手繋いで歩くナリか？
白ギャルちゃん大好き～
私も爆乳ちゃん大好きナリよ～
誕プレナリ！
お揃いのネックレスナリよ☆
爆乳ちゃんのおっぱいマジ気持ちいいナリ～♡
私たちさあこのままおばあちゃんになるまで一緒に住んでたりしてるかもナリね
ねー!!
わたし爆乳ちゃんのこと親友だと思ってたのに！
わたし白ギャルちゃんのこと彼女だと思ってたのに!!
ずっとそんなふうに思ってたナリか？
それで一緒のベッドで寝て一緒にお風呂入って……
ぞぞ……

女のことは殴らないナリよ
でももうこの家には二度と戻らないナリ
鍵ここに置いてくナリよ
ふぁ～
ストリップやってる時はビジホ泊まる金もなかったのに
今はシティホテルに一人で泊まって余裕ナリね……
そういえば爆乳ちゃんストリップがんばってたナリねえ……
しみじみ
いやいや！
気持ちを切り替えて明日の撮影もがんばるナリよ！
おはようございまーす！
おはよう！
犬さんももう来てるよ！

わ〜
かわいい
犬ナリね〜
これ食べる
ナリか？
じゃがりこ
オイ!!
勝手に変な
もん食わす
なよ!!
日本に人間と
セックスできる
犬は二匹しか
いない!!
この犬がその
二匹のウチの
一匹だ！
だから丁重に
扱わないと
いけないんだ！
ちなみに某
有名企業の
某CMにも
出演してる
犬さんだ！
あの犬
ナリか!?
ギャラも
白ギャルちゃん
より犬さんの
ほうが高い
犬より
価値の低い
人間…
マジナリ
か!?
30万円
50万円

じゃあ犬さんの
スケジュール
ケツあっから
巻きで撮るぞ！
まずは白ギャル
ちゃんの体に
バターを
塗って……
キャハハハ！
くすぐっ
たいナリ〜
ぺろん
ぺろん
あっ♡
そこは……
あんんっ♡
犬さんのベロ
気持ちいい
ナリよ〜
ぺろん
ぺろん
次は
私も……
ん？
ちんぽどこに
あるナリか？
さわ
さわ
飛び出た!!
赤黒ッ！
血管ッ!!

※本作は、AV業界のさまざまな側面を描き出すことを主旨とし、取材に基づいて制作されたフィクションです。動物虐待を肯定するものではありません。

白ギャルちゃんの体に爪で傷がつかないように
犬さんに靴下履かせて……
次に白ギャルちゃんのまんこに前貼りを貼って……
なんでナリか？
ぺた
犬の性器は人間の性器と違って猥褻物じゃない！
だからモザイクをかけなくていいんだ！
そして排泄器官であって猥褻物ではないので
モザイクをかけなくていい人間のアナルに挿入すれば……
Vol. 142
さよなら爆乳ちゃん
なんとノーモザイクの挿入シーンが撮れる！
ぬぷっ
ぬぷっ
合法ノーモザイク

ズプッ
これくらいのサイズ感ならアナルでも大丈夫ナリね
しかし犬のちんこは勃起すると根本がパンパンに膨らんで射精が終わるまで抜けない構造になっている！
うわあああああああアナルの中広がってるナリィイイイイ！
ズピュッ
えっ!? もう射精した!?
ビュービューッ
カク カク
早々に終わってよかったナリ……
カク カク カク
ビュービューッ
……？
犬の射精は平均15分
長い時は一時間続く！
ビュー
カク カク カク カク カク

カクカクカク
この犬さんの場合は一時間パターンだつた!!
うおえっ
もう内臓の位置変わってるナリ……
あっ!
ズ
やっと勃起がおさまったナリ!
しゅる…
じゃあ定番の中出しした精液出てくるシーン撮って……
ドロ
そしてこの犬さんの精液を飲む!
ごくごく
カットー!
おいちい♡
おえっ!!
獣くせえッ!!

今日キツかったナリ～
誰かに話聞いてもらいたいナリね……
誰か→
違う違う!!
……でもちょっと顔見に行くだけならいいナリよね？
ピーンポーン
しーん……
あれ？
どっか出かけてるナリか？
電話してみるナリ
この電話番号は現在使われておりません

爆乳ちゃんが飛んだ!!
携帯の番号は変えられてるし
家も解約されてる!!
一応実家も行ってみたけど塩撒かれただけだった!!
AV女優の飛んだ先は
地方のクラブで働くか
結婚して専業主婦になるか
はたまた海外移住か……
でも必ず家族には新しい連絡先教えてたり
何かしらの繋がりを残していくものだが
爆乳ちゃんはある日突然綺麗さっぱり
完全に消えた

爆乳ちゃん……
せめて私にだけは連絡先教えてくれてもよかったナリに……
親友だったナリに……
ポロ……
ボロボロボロ
ボロボロボロ
私も爆乳ちゃんのこと好きだったナリぃ……
爆乳ちゃんはぽっちゃりメーカーの看板だったからな……
S女専門メーカーの看板の痴女さんも引退しちゃったし……
何か他に新しい企画のメーカーを作る必要があるな
でももう熟女メーカーもギャルメーカーもロリ系メーカーも眼鏡女子メーカーも筋肉女子メーカーもあるし……
ハイッ！
女子向けAVメーカーっていうのはどうでしょう⁉
UFO
女子向けAVぃ？

ずっと企画あったためてたんです！
主役はもちろんイケ男くん！
おしゃれな小箱とコンドーム
Vol.143
女子は演技力のあるAV女優を使ってドラマ部分を多くして
〜〜〜〜！
〜〜〜〜!!
イケ男くんのアヘ顔をメインで撮って……
ん〜？
それ需要あんのかな〜？
でもまあ我が社初の女プロデューサーだしなあ
他に企画案もないし今回は女Pちゃんにやらせてみよっか！
ありがとうございます！
ペコーッ

つっても「演技力のあるAV女優」っていうのを探すのが難しいんだよな～……
でも見た目が……
ちょいブス巨乳は男ウケはいいけど
女向けAVでは普通体形で顔の整った若い子がいいんだよな～
「ああせんせいこんなのはずかしいです」
……
↑棒読み
「ああ先生……えっと……こんな……？」
……
↑セリフを覚えられない
「ああっ♡せんせぇい♡
こんなの……っ♡はずかしいですぅ……っ」
すごくいい!!

オーディションじゃ
見つからないから
いろいろAVを観て
オファーしよう
この子は
デブすぎ！
この子は
ブス！
は！
この子！
犬のちんこなんて
絶対獣臭いのに
こんなに笑顔で
舐めまくってる！
すごい
演技力だ！
体形も普通で
顔もかわいい！
ねえ
白ギャルちゃんに
女子向けAV？
ってのオファー
来てるんだけど
どうする？
もう爆乳ちゃんも
どっか行っちゃったピ
なんでもやるナリよ！
当日
これ台本
です！

え……
台本って普通2〜3枚くらいナリじゃ……？
女子向けAVはセリフ多いんです！
全部覚えてもらいます！
あとナリは禁止です
ピ
わかったナリ！
……
ドキドキ
シチュエーションは女子に人気の先生×女生徒……
古文
あ……！先生……！
でもそのまま撮っちゃうと18歳未満と教師のセックスになっちゃってモラル的にNGだから
卒業後カフェで働いてるところを憧れだった先生と偶然再会という設定にする……
おまえ……
男向けAVとは違って女向けだけモラルが求められるんナリね？
それから女子に人気のシチュ連発！

待ち合わせ中にナンパしてきた男をイケ男くんが撃退！
観覧車のてっぺんでキス！
イケ男くんが他の女とデートしてるとこを目撃するも後に妹だったことが判明！
壁ドン！
ドン
クイッ
顎クイ！
お姫様抱っこ！

そしていよいよセックスシーンです！
え……
一本撮って一回しかセックスシーン撮らないナリか？
ナリは禁止です！
女子向けAVのセックスシーンで最も大切なこと……
それは……
イケ男くんの体を隠さないこと？
俺がアへ顔とアへ声作ること？
それもそうだけど一番は……
ベッドサイドに置いてあるおしゃれな小箱からコンドームを取り出し
男から能動的にコンドームをつけること‼

イクよっ!?
Vol. 144
じゃあ次行こう
ああっ♡
カットー!
ズル……
この精液どうするナリか?
私の体に撒くナリか?
イケ男くんに撒くナリか?
ねえ
行為後の精液ってそんな見たい?
……?
よく考えれば別に見たくはないナリね
でも普通のAVでは一番の見せ場ナリし……
そこなんだよ!!
男はなんでほかの男が出した体液をそんな見たがるんだ!?

マン汁が見たいっつーんならわかるよ!?
なんでゲイでもないのにほかの男の精液を見たがる!?
しかもその精液が本物かどうかになんで血眼でこだわるんだ!?
クワッ
そう言われれば確かに……
だから女性向けAVでは特に精液は映さないッ!!
こうして初の女性向けAVが発売され
Dear My Teacher……
初動はイマイチだったものの
ネット上で評判が拡散され
とにかく男優さんがイケメン!
ドラマパートが丁寧に作り込まれ
最終的にはバカ売れした
売れてます! 女性向けAV

ユーザーから こんなに 手紙が……
コンドームを自然な仕草でつけるところが格好良かったです!? (43歳) 主婦
の彼氏が コンドームをつけてくれないので… イケ男くんみたいな彼氏が欲しいです♡ (28歳) フリーター
堕胎の で 自分からゴムをつける に 感動して涙が出ました。 (39歳) 家事手伝い
みんなこんなに コンドームを 積極的につける 男に飢えてるん ナリか……
狙い通り!!
男向けAVに 来る手紙とは 内容が全然 違う……
なんで紺のブルマなんて使うんでせうか。次は絶対ピンクのブルマにするように。 (62歳) 無職
風俗ではよく上手いってほめられるので男優になってあげてもいいですよ。相手は熟女さん希望です。 (34 詩人
でも 女Pちゃん よくやった!
すぐに女子向け AV第二弾を 作ろう!
制作費も アップ させるぞ!
ありがとう ございます!

じゅるり…
第一弾が売れた
お祝いに焼肉
でも行こっか
いいん
ですか!?
ごちそうさま
でした!
じゃあ
次行こ〜
あれ?
AD君とかは
呼ばなかった
んですか?
麗麗苑
あいつら
めっちゃ食う
からな〜
こういう
いい肉出す店は
連れてけねーよ
次って……
Bali An
HOTEL&RESORT

え……
で……
でも……
私……
私なんか……
ブッ……
ブスですし！
こんなブスと
ホッ……
ホテルなんて……
ブスなわけないじゃん～
あ……
コンドーム……
いや～
俺ゴムアレルギーでさー
外出しするからいいでしょ？
ね？
ね？
え……
えっと……
ピュピュ…

あっ！おはっ！
おはようございます!!
おう
おはよ～
普通だな……
喫煙所
いやー昨日女Pちゃんとヤッてみたんだけどさあ
マジすか!?
ゲテモノ食いッスね！
どんなんでした？
女の顔になりました？
とりあえずあえぎ声がずっとムフームフーって感じでさ～
喫煙所
よく萎えなかったですね！
それで最後までイケたんですか!?
あとちょい脱腸してんのがキツかったかな～
ギャハハハハハ！
私……
仕事がんばる……

Vol. 145
AVなんかに顔出たら人生終わり
イケ男くん初のファンイベントを開催しま〜す！
ツーショットチェキ3千円！
サイン入りチェキ5千円！
よっ
よろしくお願いします！
ちょっと内緒話していい？
？
なんですか？
ぺろっ
パシャ！

次はオークションです！
おはよ♡
寝顔もかわいかったよ♡
まずはイケ男くんの録り下ろしボイスが入った目覚まし時計
07:00
千円から！
5千円！
一万円！
3万円！
最後のオークションの商品は～
なんとイケ男くんにハグしてもらう権利！
HUG...
一万！
5万！
10万！
ハイッ
30万5千円で落札～！
イヤッ
やめてー
えっと……
どうすれば……
僕に任せて

え……
これって……
うん
そうだよ
ぎゅ
ビビビビ
キャアアアア♡
おばさんとハグするだけでフル勃起するイケ男くん!
素敵———!!
キイイイイイイイ!!
あんなおばさんがイケ男くんとハグなんて!!
嫉妬!!
カネの力に物言わせやがって!!

AV出るより イベントやった ほうが儲かるん だよな～
ハァ
いいよ な～
お前は イケメンで
俺なんか粛々と 射精係やるしか ないしな……
マッチョ 男優くん！
今度マッチョ 男優くんを メインにした AVを撮ろうと 思ってんだよ～！
え！
それって鷹さん レベルの男優 じゃないと作って もらえないヤツ じゃないですか!?
マッチョ男優くんSP
マッチョ男優くんも それなりの地位に ついたってことだね
俺……
俺なんでも やります!!
う……
まずはマッチョ 男優くんの 地元に行こう
新潟 だっけ？

ここがマッチョ男優くんの通った学校……
そして放課後よく友達とつるんでたイオン……
あれ!? 渡辺じゃね!?
渡辺じゃん!!
あっ 今はマッチョ男優くんなんだよな!
いや〜
まさかお前がAV男優になるとは思わなかったよ
いいよなー
爆乳ちゃんとも熟女さんともヤッたことあんだろ?
お前がAVに出てくると萎えんだよな〜
わかるわ〜
おまえら……

ああ……
なんか友達っていいな……
え……？
今の撮ってたんですか……⁉
絶対俺のとこ使わないでくださいね‼
俺のも！
職場にバレたらクビになる！
AV男優と同級生だなんて嫁と子供に言えねえよ
AVなんかに顔出たら人生終わりだろ……
……

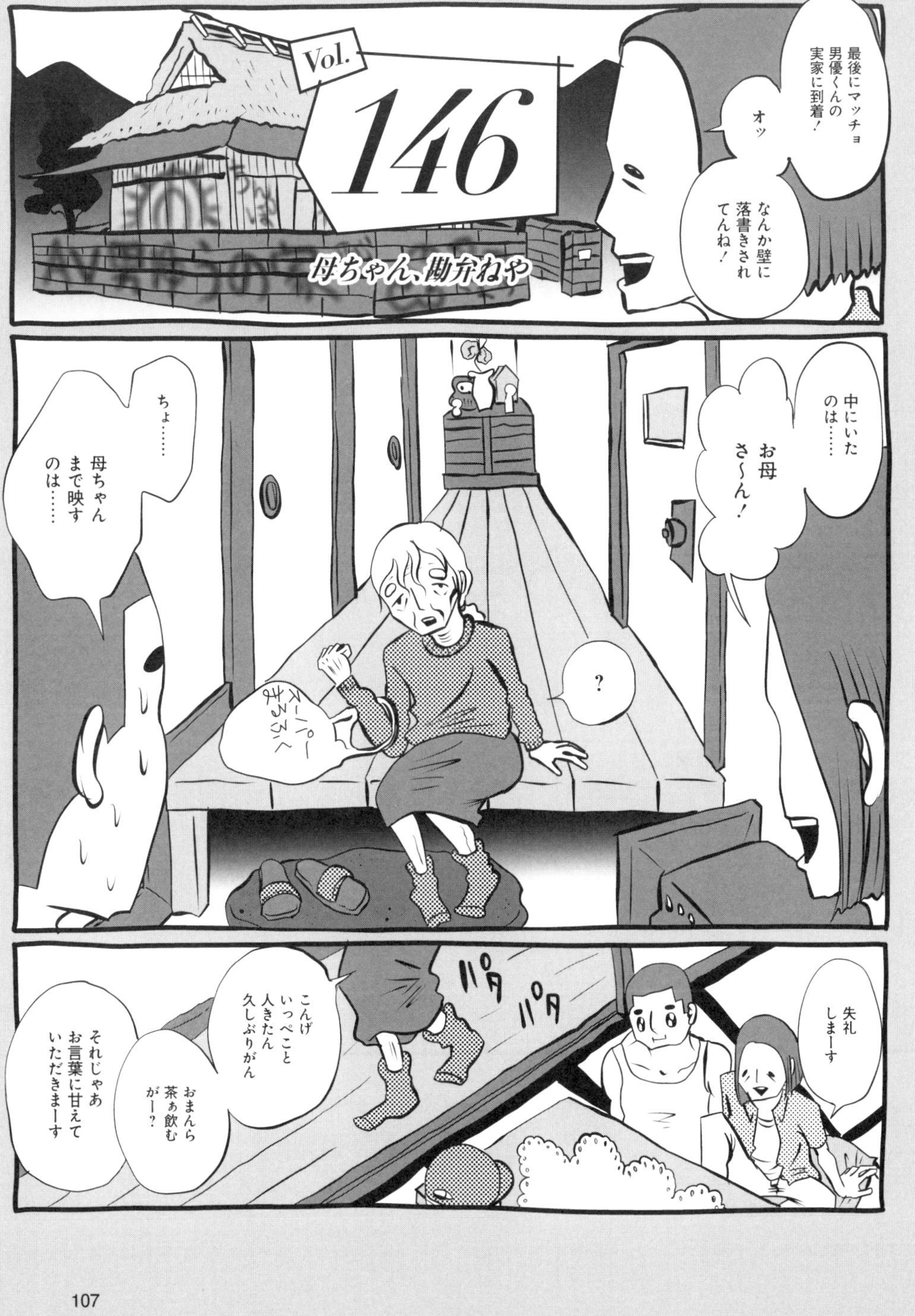
Vol.
146
母ちゃん、勘弁ねや
最後にマッチョ男優くんの実家に到着！
オッ
なんか壁に落書きされてんね！
中にいたのは……
お母さ〜ん！
?
ちょ……
母ちゃんまで映すのは……
失礼しまーす
パタ
パタ
こんげいっぺこと人きたん久しぶりがん
おまんら茶ぁ飲むがー？
それじゃあお言葉に甘えていただきまーす

あちゃいで気ぃつけ
漬物もあるがに
いや母ちゃん漬物とかみんな食わないから……
オッ
手作りですか?
いいお母さんですねー
ところでお母さん
息子さんがAV男優やってるのはご存じでした?
あ……
あい……
真面目な子だったがになしてこんげことになったんか……
あなたの息子さんは選ばれた人間しかできない仕事の中でトップ走ってるんですよ
息子さんの仕事は全国の男たちに喜びを与える仕事ですよ
もっと息子さんに誇りを持ちましょうよ!
P君……!!

それでですね
マッチョ男優くんの
今後のために今回は
お母さんにも協力
してほしいんですよ
これができないと
息子さんの将来が
危ういですからね
ここはひとつ
息子さんのためを
思うならお母さんに
がんばっていただく
しかないんです
息子さんを本当に
思う気持ちが
あるなら
できますよね？
ね？
いいです
よね？
ずずい
できなかったら
母親失格ですよ
それで
いいん
ですか？
よくない
ですよね？
息子さんの
ためなん
ですよ？
できます
よね？
ね？
あ……
あい……
じゃあこの書類の
こことここに
サインして
くださいね
……？
何の話を
してるんだ？
よし！
お母さんの
許可が取れた！
GOOD JOB!
何の許可
ですか？
セックスの
撮影の
許可だよ？

え……？
誰と誰が……？
マッチョ男優くんとお母さんに決まってるじゃん
俺が……？
俺が母ちゃんとセックス……？
そうだよ？
何のためにわざわざ新潟まで来たと思ってんの？
本物のAV男優なら鶏とでも実の母親とでもセックスできるもんだろ？
ちょ……
これはさすがにマズいですよ!!
そうですよ!!
だってAV女優一人も用意してないんだよ？
これ撮らないとマッチョ男優くん主役のAV完成しないよ？
いいの？

実の母親とセックスなんてそのへんの男優にはそりゃあできないよ
でもマッチョ男優くんならできる！
ていうかマッチョ男優くんにしかできない！
なぜならほかのAV男優とは格が違うから！
トップ男優のプライドがあるから！
でもまあそれでもできないっつーんならそれでいいよ
マッチョ男優くん主演のAVはお蔵入りで
マッチョ男優くんは所詮そこまでの男優なんだなってことになるだけだから
ハァ
トップ男優のプライド…俺にしかできない
所詮そこまでの男優
俺……
俺は……ッ
俺はAV男優です！
やります！

見てください！
お母さん！
これが息子さんの仕事着ですよ！
こんげん見とれんっちゃ
それでは実の母親とのファーストキスといきましょうか！
やるんだ俺!!
ぶちゅう
ああっ
赤ちゃんのころに飲んでた懐かしいおっぱいの味！
ちゅう
ちゅ・う
それではいよいよ挿入です！
かつてマッチョ男優くんが生まれてきた穴に！
今！
戻る――……!!
母ちゃん……
勘弁ねや……
ズプ
うぐっ

母ちゃん
それ言うの
ちょっとやめて
もらって
いいかな?
なんまんだぶ
なんまんだぶ……
なんまんだぶ
なんまんだぶ……
違う!
俺がセックスを
しているのは
母ちゃんじゃなくて
実は巨乳で美少女な
尼さんなんだ!!
Vol.
147
なんまんだぶ
なんまんだぶ
なんまん
だぶぅ……♡

ヨシ！
イクぞ！
パン
パン
パン
ヨッシャ!!
ハイッ
閉経まんこにガチ中出し～☆
なんまんだぶ……
カ……
カットー！
よくやったなマッチョ男優くん！
実の母親とセックスした男優なんてこの先にも後にもいねーぞ！
さすが真のトップ男優だ!!
へへ……
Pさんちょっと言い過ぎッスよ……
なんだこのノリ……
マジか……？

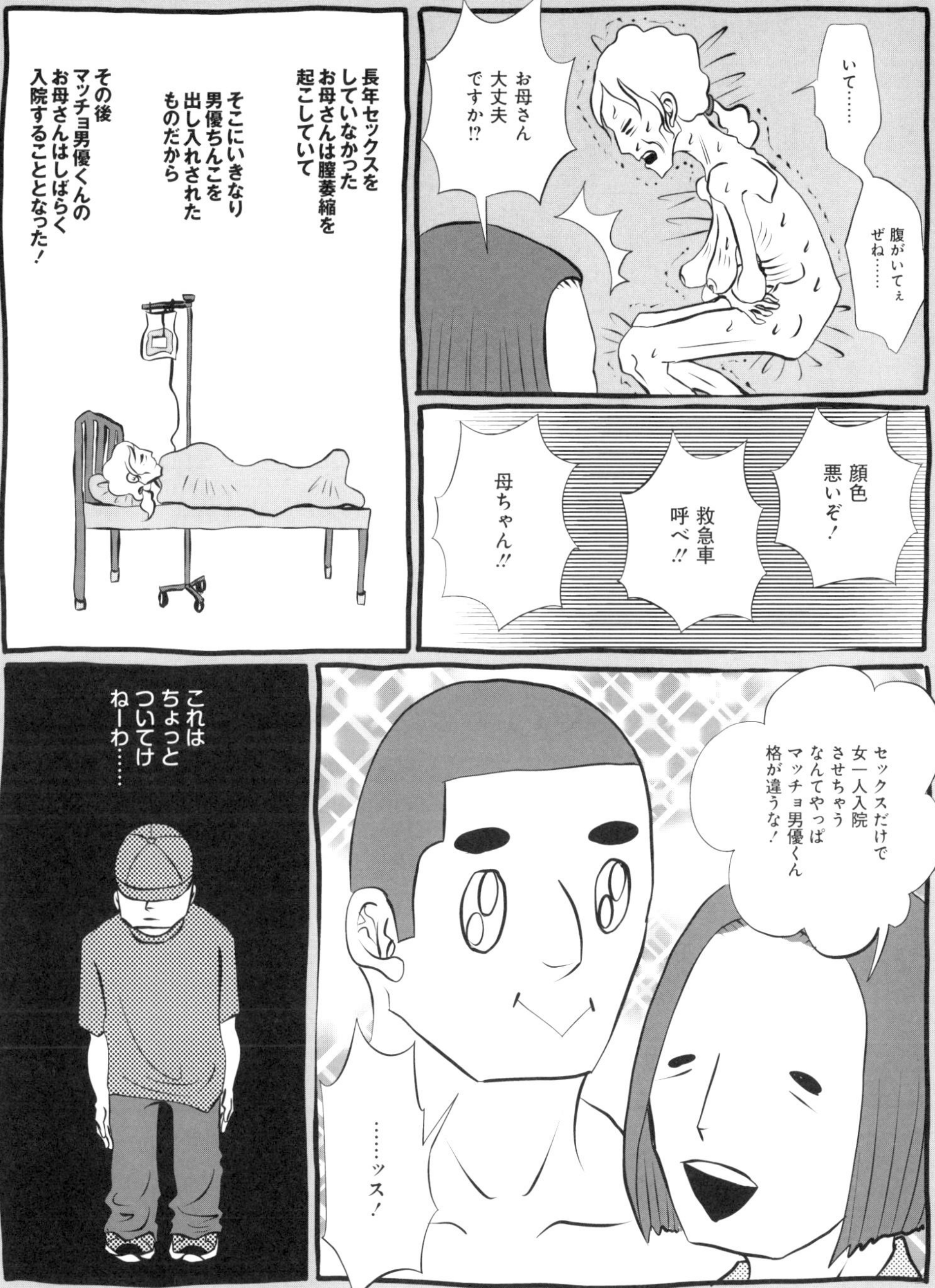

いて……
腹がいてぇぜね……
お母さん大丈夫ですか!?
顔色悪いぞ!
救急車呼べ!!
母ちゃん!!
長年セックスをしていなかったお母さんは膣萎縮を起こしていて
そこにいきなり男優ちんこを出し入れされたものだから
その後マッチョ男優くんのお母さんはしばらく入院することとなった!
セックスだけで女一人入院させちゃうなんてやっぱマッチョ男優くん格が違うな!
……ッス!
これはちょっとついてけねーわ……

ていうかあそこまで親子双方に負担かける撮影しといてあんなの喜んで観て抜くヤツいんのか……？
でも つったら俺がやってきた膣にゴキブリ入れるとかはどうなんだ……？
あれ……
俺って今まで何やってきたんだ……？
新宿
PASELA RESORTS
ん？
なんだこの人だかり…
リーフデモ？
NO MEANS NO
それでは次の方――
あ……
ハイッ
私……
私中学生の頃に柔道部入ってたんですけど
顧問の先生にマ……マッサージって言われて毎日のように性暴力を受けていました
でも私……ブスだから……
こんなブスが性的なことされるわけないだろって言われるのが怖くて誰にも言えなくて……
うっうっ
がんばれー

ありがとうございました
では次の方
ペこ
あれ？
あれって女社長さんじゃね？
私は大学生の時にレイプされました
何年経っても忘れることはできませんしこれからも忘れることはないと思います
「レイプは魂の殺人」とよく言われますがでも私の魂はあんなことで殺されたりしていません
私は生きています
パチパチパチパチパチパチ
あれ？
AD君！
AD君がリーフデモ参加するなんて意外！
さ……
参加してるわけじゃ……
ニコ！
ああいうAV撮りながらも女性の権利についていろいろ考えてたんだね
尊敬するよ
え……
女社長さんって結構かわいいな……？

では次の方――……
あ
はい……
あのっ！
ちょっとマイク貸してください!!
え……順番が……
シーン……
あの……
俺も若い頃は確かにちょっとヤンチャしたこともありました
でも自分より明らかに力の弱い女性に性行為を強要するなんて……
そしてこれだけ心に深い傷を残すなんて……
レイプするなんて同じ男として絶対に許せません!!
AD君……
ほろり…

プハーー
Vol.148
会議は踊る
……俺
今の仕事辞めて もっとマトモな 職つくわ
ハァ
ハァ
ハァ
うん
辞められるなら そのほうが いいと思う
最近ますます ハードなの 増えてきて るし……
女社長さんは 辞めようとか 思ったこと ないの？
私はまだ……
終わってない から……
？
ゴロン

ほら
リーフデモで言ってた大学生のときにレイプされたってやつ……
あれがまだ自分の中で解決できてなくて……
マジ俺加害者のこと今からでもブッ殺しに行きてぇよ!!
でもAD君みたいな男の人もいるんだなって思うとちょっと安心するよ
女社長さん二回目しない?
する♡
あんっ♡
もっと叩いてッ♡
オラッ!
オラッ!!
次は首しめて……♡
俺ら……
セックスの相性も最高じゃん……
ぎゅっ

※浴尿……女優が尿を浴びせられること

ちなみに峰さん
バイブはNG
じゃないよね？
そうですね
じゃあこの手作りドリルバイブを使用して……
ギュルルルル
いやそれマジなドリルにディルドくっつけただけだろ!!
絶対危ねぇわ！
お前のアナルで試してからにしろ!!
じゃあもうちょっとソフトな方向性で……
陰毛にライターで火をつけるってのもNGにしてないよね？
カチ
NG項目一覧にそんなヤベぇヤツ入ってなかっただけだろ!!
余計危ないわ!!
すぐ消えるから大丈夫だよ～
大丈夫じゃない!!
え～最近はみんなやってるよ～？
だから白ギャルちゃんがそれやってヤケドの痕ケロイド状になって残ったって言ってたよ
……

じゃあ
コレ見て！
えいやっ
峰さんより
人気のある
ハーフ女優ちゃんが
なんと浣腸の解禁を
して今バカ売れ
しているAVだ！
浣腸解禁
※倉アイリーン
浣腸なんて
余計無理だろ!!
違う
違う！
これは排泄物を
絶対映さない
綺麗な浣腸
なんだよ！
よーく腸内洗浄
したうえで
それでも汁が
ちょっとでも
濁っちゃったら
そのシーンは
全カットして
また腸内洗浄
やり直して浣腸
やり直すって
いう……
めっちゃ
現場大変
じゃん……
ねえ
マネ君
浣腸なんて
やるわけない
じゃんねえ？
いやあ
浣腸って気持ち
いいみたいだよ？
はい？

峰さんも一回やってみたらハマっちゃうんじゃないかな？
マネ君とは長くいっしょに仕事してきて私の側の人間だと思ってたんだけど
切られる時はこんなにあっさり切られるものなんだな……
ファンの人も絶対喜ぶよ！
峰さんの新しい魅力見せていこうよ！
ちなみに峰さんがうんって言うまでこの会議終わらないからね？
二十歳そこそこの女一人vs AV業界の酸いも甘いも知り尽くしている男3人
誰も仲間がいない
一人ぼっちだ
これがNG解禁か……

Vol. 149
絶対お母さん
みたいにならない
絶対負けねえぞ!!
だから絶対うんこは映さないし……
それでもイヤです!!
アナルセックスみたいに痛くはないし……
アナルになんかするのがまず無理です!!
6時間後
わかった……
じゃあ折衷案で峰さんの浣腸は全部疑似で撮るってことで……
ハアハア……
それなら……
げっそり…
というわけで私の浣腸AVはオール疑似となった!

チューブ
こうやって体にチューブ這わせて……
肛門が映らない角度から……
よし！
今だ！出せ！
ぐいっ
ああっ♡
お尻から牛乳出ちゃってる♡
はずかしいッ♡
浣腸シーンあと4回ありますけど……
でもオール疑似となるとこの角度以外からは撮れないんだよな……

SCENE 1
ピュ
アーッ♡
出ちゃうッ♡
せっかくあの峰なゆかが浣腸っていうから買ったのに……
SCENE 2
ピュ
らめっ♡
見ないでッ♡
SCENE 3
ピュ
お浣腸気持ちいいよおっ♡
SCENE 4
ピュ
お尻バカになっちゃうッ♡
いくらなんでも疑似すぎるだろ!!
浣腸解禁
峰なゆか
あまりにも疑似すぎるAVとして私の浣腸AVは違った意味で伝説のAVとなった──……
同じなので100%疑似。
★☆☆☆☆ チャラヒゲ
すべてのシーンが疑似です
★☆☆☆☆ たけちん
疑似。金返せ!!
★☆☆☆☆ しこしこマン
げそ…

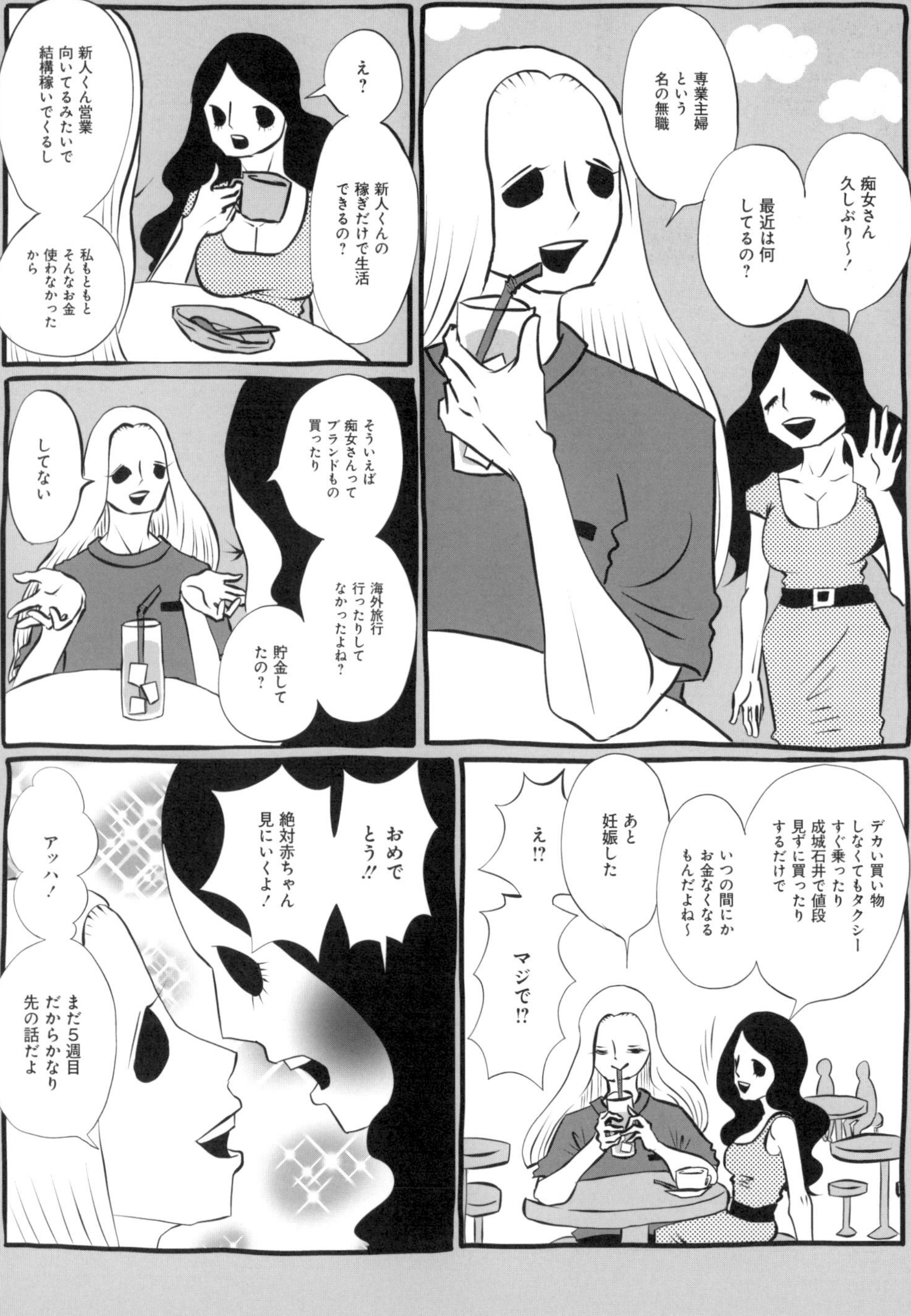
痴女さん
久しぶり〜!
最近は何
してるの?
専業主婦
という
名の無職
え?
新人くんの
稼ぎだけで生活
できるの?
新人くん営業
向いてるみたいで
結構稼いでくるし
私もともと
そんなお金
使わなかった
から
そういえば
痴女さんって
ブランドもの
買ったり
海外旅行
行ったりして
なかったよね?
貯金して
たの?
してない
デカい買い物
しなくてもタクシー
すぐ乗ったり
成城石井で値段
見ずに買ったり
するだけで
いつの間にか
お金なくなる
もんだよね〜
あと
妊娠した
え!?
マジで!?
おめで
とう!!
絶対赤ちゃん
見にいくよ!
アッハ!
まだ5週目
だからかなり
先の話だよ

ピピピピピピ
ごめん！
私ちょっと急用できたから行かなきゃ！
うん またね〜！
ガタッ
私は本当にバカなので小さい頃に叩き込まれた主従関係からいまだに逃れられずにいる
ダダダダ
バタン
いらっしゃいませー
はい 遅刻〜
ご……
ごめんなさい……
お母さん……

……コレ
ズ…
今月これだけ？
少なくない？
私AV辞めたから……
結婚もしたし……
に……
妊娠もしたし……
プル
プル
プル
だからもうお金渡せない
フーン
アンタが妊娠ね〜
子供虐待したりしないようにね
私は絶対お母さんみたいにならないから
アッハ！
それ私も親に殴られながらまったく同じこと思ってた〜！

その次の日に
痴女さんが自殺
しているのが
見つかった
Vol.
150
うまいこと死ねてよかった

AV女優はたまに死ぬ
痴女さん……
なんで今……
痴女さんへ献杯ッ！
黒ギャルブログ
R.I.P. 痴女さん。。。
白ギャルちゃ
痴女さんのご冥福お祈りします(;ω;)
追悼
生前の未公開映像も収録
追悼 痴女さん
6時間

私たちがお葬式行ってもいいのかな？
痴女さん別に親にもAVのこと隠してなかったみたいだし大丈夫じゃないナリか？
お焼香ってどうやるのかしら？
お焼香ってなんや？
ていうか黒ギャルちゃんの靴ドピンクじゃない!!
黒い靴あらへんかったんやもん
コンビニでマッキー買ってきたナリ！
塗れ塗れ!!
チーン
でも痴女さん……なんで自殺なんてしたのかしら
死ぬ前に相談してくれたら良かったナリに……
ウチ痴女さんの力になれるんやったらなんでもしたんやけどなあ

他人に話して解決するようなことならわざわざ自殺までしないわけだし
それを自分の力で止められると思うなんて傲慢だし
人が自殺する本当の理由なんて他人には永遠にわからないのだ
AVも辞められて……
結婚もしたナリし……
妊娠もしてたんでしょう？
あっ でもさあ！
痴女さん失敗しないでうまいこと死ねて良かったよね！
ニコ・・・

……は？
お前それマジで言ってるナリか？
なゆゆが痴女さんと一番仲良かったのんに!!
「死ねて良かった」って……
よくそんなこと……
ん……？
え……？
ぽっ ん…
なゆゆがこんなヤツだとは思わなかったわ
なゆゆなんか置いて飲みに行くナリ！
みんなで痴女さんとの思い出語り合おな!!
え？
あれあれ？
なんでなんで？

ということがあったんだけど……
それは感情を害されてしまうのも致し方ないのでは……？
でもさあ私にはわかんないけど痴女さんには誰にもどうにもできないような死にたいほど辛いことが多分あって
それで自殺失敗して障害とか残っちゃってもう自力で自殺できないような状態になるよりかは良かったんじゃないかと思って……
ズリ
ズリ
うーん……
せめてそのように伝えればまだそこまで心証も悪くとられなかったのではないでしょうか？
ん？
なんだ？
きゅ……
ガヤ
ガヤ
求人が出た!!
もう僕たちも就活の時期ですね
数年に一回出るか出ないかというギャル●ンの求人が今年は出たぞー！

応募だ！
俺も！
私も！
私も！
ギャーギャーギャー
ヨシオくんも応募するよね？
ギャル●ン一番好きなブランドなんでしょ？
いえ……
僕なんかでは否むべからず落ちますし……
確かに一名ぽっきりの求人にこの学校だけで何百人も応募している！
そしてヨシオくんが実はあんまりデザインの才能がないことも知っている！
ですから……
Vol. 151
敢えての博打
でもヨシオくんは私が一目惚れした男なんだよ!?
だから可能性はある！
応募しよう！
は……
はい……っ！

いいか ヨシオくん！
面接ではいつも通りの答え方をするんだよ!?
ガックン ガックン
いつも通り……？
第一次面接
尊敬する人は誰ですか？
特にいません
合格！
第二次面接
趣味は何ですか？
特にありません
合格！
第三次面接
自身の強みはなんですか？
特にありません
合格！
ヨッシャー!!
これでいよいよ最終審査だ！
ドキドキ
でも最終審査って一体何を……？

1週間後の最終審査の内容は――……
6時間以内にトップスを1着作ることです！
ざわっ
く……
どれだけ奇抜な服を作ればいいんだ……？
奇抜な服の中でも何か目を引くギミックを……
ブランドの哲学も踏まえながら……
僕の甚だしく非のある分野……
うおえっ
ストレスで吐き気が……
大丈夫だ！
私があらかじめ型紙を引いておく！
だからヨシオくんはそれをそのまま作ればいいから！
それは不正と呼ばれる行為なのでは……？
細かいことはいいんだよ！
そして本番
ハァ
ハァ
できた……
ハァ

すごくフツーの服
なゆかさん……
本当にこれでいいんでしょうか……？
奇抜な服の中で「敢えて」感を狙っていく博打だよ!!
ヨシオ様
内定通知書
ヤッタ――!!
う……嬉しいです……
ヨシオくんおめでとう！
すげーじゃん！
やっぱ前からヨシオはちょっと違うと思ってたんだよな～
ヨシオくん連絡先交換しよ～♡

ピンポーン ピンポンピンポ ピンポーン
おっ
この鳴らし方はマネ君かな？
ガチャッ
おめでとうヨシオくん！
これ就職祝い！
マネ君まで……？
なんで……？
これだけ長い間峰さんと付き合ってきて……
一度も峰さんを殴ったり監禁したり
髪をズタズタに切ったりしないでいてくれて……
ううっ……
こんなに理想的なAV女優の彼氏他にいないよ！
本当にありがとうッ!!
苦労してきたんだな……
苦労されてきたんですね……
それじゃあ峰さん
今日は名古屋でサイン会だよ
えぇ～
名古屋まで行くのぉ～？

ゴ
地方でのサイン会は
交通費を厭わない
ガチオタたちと
ヲタッ
なんかAV女優が来るらしいじゃん！
知らん人だけどとにかく生AV女優と接触するチャンスだッ！
ワイワイ
というノリで来た
地元民とに分類される
ヒョコッ
……あれ？
女の子？
珍しいな……
って待てよ!?
あれ……

妹ちゃんじゃん!!
あっ
姉た……
ちょっと!
あの子控え室で待機させてください!!
こんなオタクの巣窟に妹ちゃんを居させるわけにはいかない!!
Vol. 152
部屋とTシャツと涙
トボ
トボ
は〜
やっとサイン会終わった……
ガチオタの体臭が地元民で緩和されてて東京でやるよりかはまだマシだったな……
ガチャ
姉たーん!
妹ちゃーん!

妹ちゃんね！
姉たんのブログ見て名古屋でサイン会するって分かって会えるかなと思って来てみたんだ～！
名古屋在住
う……
なんていじらしい……
好きだ！妹ちゃん！
キュン…
あっ
ハグの前にめっちゃ手洗うからちょっと待ってて！
ザブザブザブ
姉たんなんかちょっと臭いからファブリーズかけるね……
ファブリーズ
それじゃあ夕ご飯いっしょに食べにいこっか！
行く～☆
久しぶりだね！
妹ちゃん今何してんのー？
デパートで美容部員やってるよ
月収が15万円でさー
もむもむ
えっ
それって暮らしていけるの⁉
いけてないからガールズバーでバイトもしてるよっ☆

もう新幹線ないから妹ちゃんち泊まってっていい？
うん！
泊まってって！
なんもない部屋だな……
これが月給15万円……
がらん…
姉たんウーロン茶でいい～？
これお小遣いあげるから使いなよ
パシッ
わあ！
姉たんありがと～♡
もうちょっとちょうだい♡
さすがの末っ子力……
じゃあそろそろ寝よっか
うん！

ぎゅ…っ
妹ちゃん……?
姉たん……
会いたかったよ……
ママもパパも心配してるよ
なんで……
あんなことしてるの……?
ぎゅ
……
借りたTシャツの背中に
妹ちゃんの涙が染み込んでいくのが
温かかったことだけはよく覚えている

ねえ
ヨシオくん
私ってなんでAV出てるのかな？
それでも出演するってことは何か出なきゃならない理由があるんじゃないんですか？
えっと……
僕はなゆかさんに今の仕事が合ってるとは思えないんです
理由……
そういえば東京来たとき東京でテッペンとるにはどうすればいいんだろうって思ったんだよな
でも今さらAV業界で頂点に立てるわけもないし……
いやでも白ギャルちゃんみたいに今から一発逆転する方法もあるかも!?

でもどうすれば……
ていうかなんのために……？
ピンポンピンポンピンポーン
ドンドンッ
峰さーん!!
はーい!!
今行くよ!!
峰さん今日はAV日本一決定戦の結果発表だよ!!
AV日本一……？
はて…？
ほら前に峰さんが緊縛解禁したAV撮ったでしょ!?
ああ～そういえば撮ったね
じゃあさっさと谷間丸出しのドレス着て!
会場行くよ!

売り上げが多かったものが勝ち！
AV日本一決定戦結果発表〜!!
第三位はぽっちゃり熟女ふんどし祭り！
ぽっちゃり♡熟女
ふんどし祭り
Vol. 153
集まり散じて
そして第二位は！
やりたい放題おまんこ大集合〜!!
放題
おまんこ大集合
あ〜！
やっぱ二位止まりか〜!!

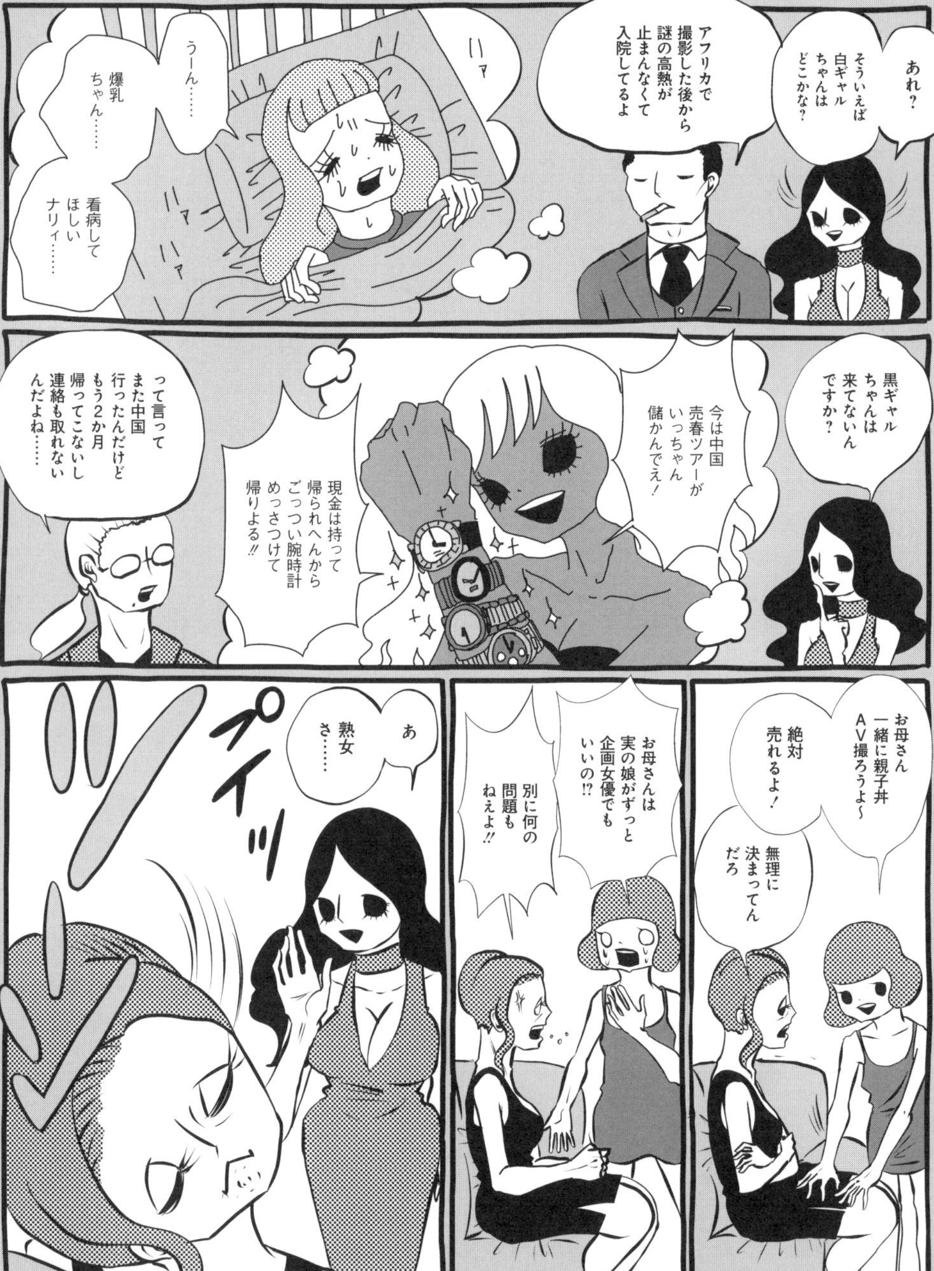
あれ？
そういえば白ギャルちゃんはどこかな？
アフリカで撮影した後から謎の高熱が止まんなくて入院してるよ
ハァ
うーん……
爆乳ちゃん……
ハァ
ハァ
看病してほしいナリィ……
黒ギャルちゃんは来てないんですか？
今は中国売春ツアーがいっちゃん儲かんでえ！
現金は持って帰られへんからごっつい腕時計めっさつけて帰りよる!!
って言ってまた中国行ったんだけどもう2か月帰ってこないし連絡も取れないんだよね……
お母さん一緒にAV撮ろうよ～親子丼
絶対売れるよ！
無理に決まってんだろ
お母さんは実の娘がずっと企画女優でもいいの!?
別に何の問題もねえよ!!
あ
熟女さ……
プイッ

あの人お母さんと一緒にAV出てた人じゃないのー？
あんな薄情なヤツは知らねえな
痴女さん……
は死んじゃったし……
爆乳ちゃんは飛んじゃったし……
ブツブツ
なんつーか……
なんかみんなバラバラになっちゃったなぁ
……
いやAV業界ってただでさえ入れ替わり激しいし……
我が強い子も多いし……
だからみんなで仲良く♡とかは普通続かないもんでさあ
今までの峰さんたちがかなり特殊だったんだよ
そっか……
あの関係はギリギリの糸の上で保たれてたんだな――……
ん～じゃあコレ！
ピロピッ
アッハ！
爆乳ちゃんの負け～!!
はい罰ゲームナリ！
テキーライッキやで！
LSD
瓶で!?

ドゥルルルルルルルルル……
そして優勝作品を発表します！
優勝賞金一千万円の第一位は……
ダン
L1女優総出演スペシャル！
スペシャル
ワァ
パチパチ
やっぱな～
L1に勝つのは無理だろ……
ああっ！
セルAVの中でも一番レベルの高いメーカーL1の集団だ！
ざわっ

キャー
ワー
そしてあの子が L1の中でも一番 人気がある子……
つまり日本一 人気のある AV女優……
ヤリマン界の 頂点か……
…
ごくり…
大ファン なんです!
白井雲ちゃんに 憧れて私も AV女優に なりました!
わあ♡
ありが とう♡
握手して ください!
ズルい! 私も!!
サイン ください!
私も!
私も!!
あっ
私飲み物 取りに 行って きますね
あのー……
優勝 おめでとう ございます
ありがとう ございます!
わたし 峰なゆかって 名前でAV女優 やってるん ですけど……
はい
峰さんの作品 観させて もらってます
え!? なんで!?

勉強のために いろんな 女優さんの AV観させて もらってるんです
へ〜
やっぱ 頂点の人は ちゃんと してんだな〜
……
……
気まずい沈黙……
……あっ！
私の 飼ってる 犬見ます？
ハッ！
見ます 見ます!!
ちょっと 待って くださいね
かわいい ポーチ ですね！
ポーチに携帯 入れてるん ですか？
え？
携帯は ポケットの 中ですけど
え……
じゃあ そのポーチ は……？
ちまっ
ジジジッ

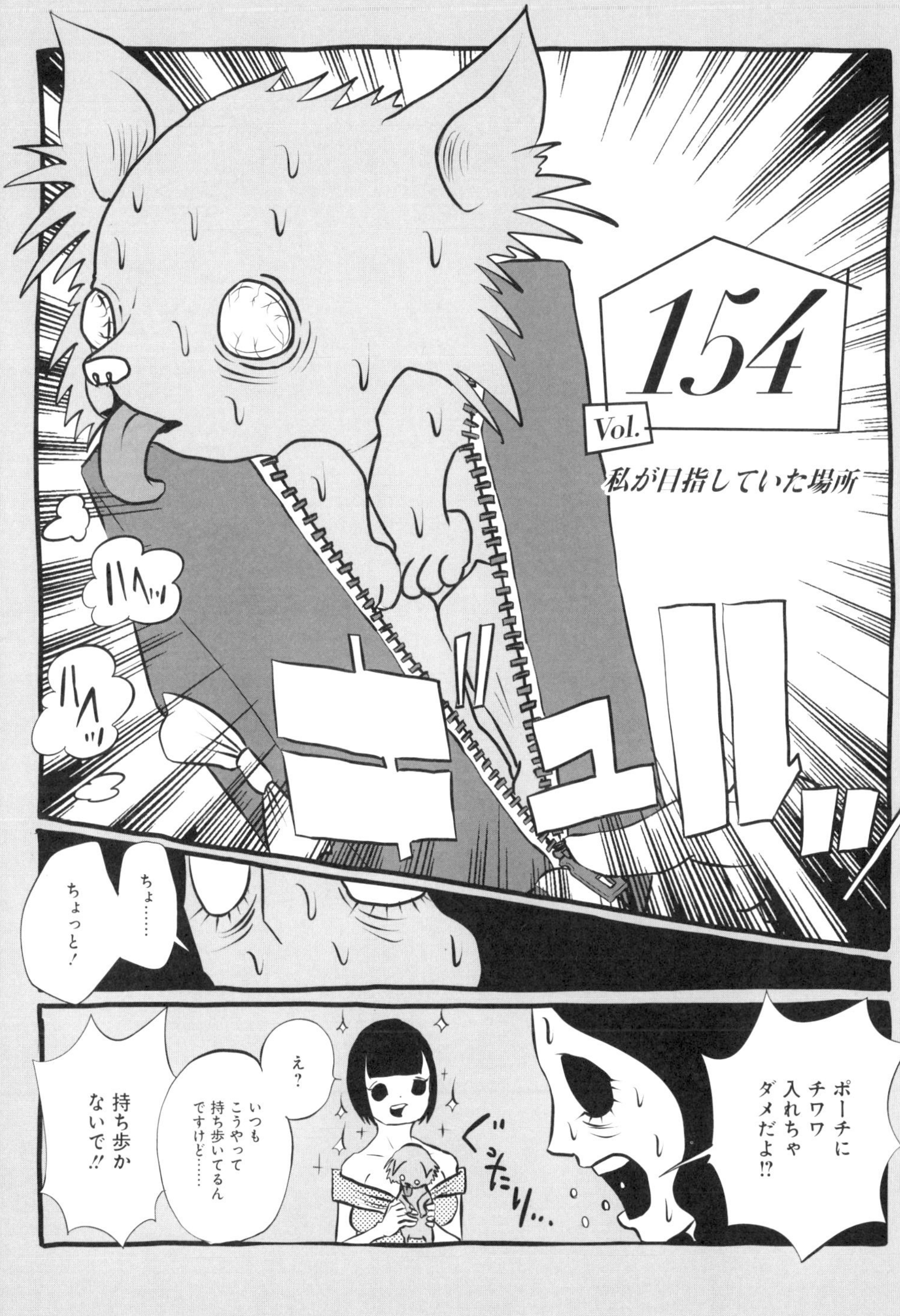
Vol. 154
私が目指していた場所
ハヘッ
ハヘッ
ニュルッ
ちょ……
ちょっと!
ポーチにチワワ入れちゃダメだよ!?
ぐったり…
え?
いつもこうやって持ち歩いてるんですけど……
持ち歩かないで!!

ほら！
なんか歩き方変になってるし！
じゃあまたポーチに戻して……
戻さないで!!
やめて!!
ズズッ
ズズッ
ハァ
ハァ
？
なんでですか？
これがAV業界のトップオブトップ……
私が目指していた場所……？
私AV辞める

クルッ
また〜？
もう一年くらいずっと言ってるじゃん
精子の雨が降るぞ!!
ピョンッ!
解説しよう!
辞めるといっても簡単には辞めさせてくれない業界なので私はいつか辞めたい時が来る日に備えて
かなり前から無駄に辞めたい辞めたいと言い続けてきたのだった!
一年前
これでもう辞める!
半年前
もう絶対辞める!
3ヶ月前
今すぐ辞める!!
でもこんだけ扱いづらい峰さんの引退
一年も引き延ばしたのは俺のテクニックあってこそだよな〜
よし!じゃあ引退作撮ろうか!
ヤッター!
じゃあ引退作はアナル解禁を――……
絶対しない
チッ

はざまーす！
峰さん入りました～
引退作ってことは私がどれだけマグロで売り上げ低くても
今後の私の待遇に影響するわけじゃないんだよな……
でも……
デビュー作からずっと撮ってもらってる監督くん
鬼畜だったり優しかったりサイコパス味のあるP君
出会った時に肉まん奢ってくれてからずっといっしょだったマネ君
AV業界にはお世話になったから引退作も一発全力アヘ声潮吹き痙攣キメておこう！
プシャアアアッ
イクーーーッ!!
ガクガク
アンアンッ♡
ガクガク
カットー!!
峰さん5年間お疲れ様ー!!

よし！
引退作の撮影から1か月たったし……
性病検査も陰性だったし……
ヨシオくん！
はい
どうされましたか
私とセッ……
セッ……
結婚してくれない!?
大丈夫!?
びっくりさせちゃった!?
は……はい……
驚きました
僕となゆかさんは当然結婚するものだと思ってたので

えっ⁉
当然結婚するものだと思ってたので
ヨシオくん！
じゃあ結婚初夜にセックスだね！
セッ……！
そ……
そうですね……
みんな……
私だけ凡々と幸せになってごめん……
そんなことも思っていた
結婚後ヨシオがまさかの浮気をして即離婚することになるとはつゆ知らず

Tomorrow is another day…

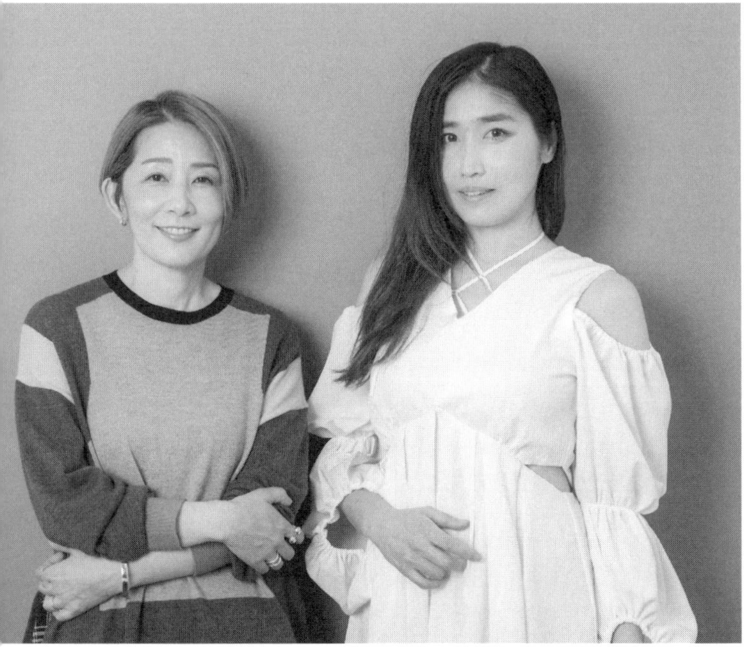

特別対談 峰なゆか ひうらさとる

「楽しんで読んでほしい」という思いで描くことが共感と解放につながった

取材・文／アケミン　撮影／中川菜美

ひうらさとる

マンガ家。1984年に『なかよしデラックス』（講談社）に掲載の「あなたと朝まで」でデビュー。以降少女漫画誌、女性漫画誌を中心に活躍。代表作に『ホタルノヒカリ』（全15巻、講談社刊）など。『BE・LOVE』で「西園寺さんは家事をしない」（既刊4巻以下続刊）を連載中

×

峰なゆか

マンガ家。女性の恋愛・セックスについての価値観を的確に分析した作風が共感を呼ぶ。『アラサーちゃん』（KADOKAWA）、『アラサーちゃん無修正』（全7巻、小社刊）は70万部を超えるベストセラーに。『女子SPA！』で「わが子ちゃん」（既刊4巻以下続刊）を連載中

『AV女優ちゃん』もついに最終章。今回の対談のお相手は、漫画家のひうらさとる氏。『ホタルノヒカリ』など数々の作品で、女性たちを縛る社会規範や「呪い」を軽やかに解いてきたひうら氏は、『AV女優ちゃん』をどう読んだのか？　AV業界とも通じる少女漫画業界の構造や家事・育児の分担、フェミニズムにまで話は及んだ。

ひうら　ついに最終巻、4年間にわたる連載、お疲れさまでした！　峰さんの漫画は『アラサーちゃん』から、ずっと読んでいました。

峰　ありがとうございます！　私は小学校のころからひうらさんの漫画を読んでいたので、今回こうやってご一緒できて、なんだかすごく不思議な感じです。

ひうら　最終回まで描き切ってみて、今

はどんな気持ちですか？

峰　終わり方については、最初から決めていたわけではないのですが、一貫して気をつけていたのが「メッセージ性を出さない」ということでした。「自分がAV業界にいたときはこんなことがあったよ」とエピソードを並べはするけれど、あとは読んだ人に「ここからあなたは何を思いますか？」と投げかけたくて。「AV業界って、こんなにひどいところだ！」とか「こんな素晴らしいところがあるんだよ！」というメッセージは極力、持たせないように描いていましたね。

ひうら　それは1回ネームを描いて、「これはちょっと主張が出すぎているな」と、調整する感じですか？

峰　最初に文章でバーッと書いてみて、そこから少しずつ描きながら直していった感じですね。

ひうら　なるほど。「何度も丁寧に推敲したのだろうな」ということは、読んでいて伝わってきました。印象深いシーンはたくさんあったのですが、主人公のなゆちゃんが他のAV女優さんたちと連絡先を交換して「治安の悪い女子会」（第2巻）をするくだり、後日、それを知ったマネージャー君が「こういう知恵をつけられるとめんどい」というセリフもその一つです。

峰　AV女優同士が集まると当然ギャラの話になるし、そうなるとおのずと「管理する側」としては、何かと都合が悪くなりますよね。

ひうら　これについては5巻の巻末インタビューで山内マリコさんが「奴隷は分割して統治せよ」という言葉を用いてお話しされていましたね。

峰　横のつながりを断つのが支配の基本、という言葉ですね。当時はAV女優同士が交流しないために、連絡先の交換はNGとされていました。

ひうら　これ、実は思い出したことがあって。私は18歳で漫画家デビューしたのですが、駆け出しのころ、出版社のパーティーで同業者の作家さんと仲良くなっ

女優同士が連絡を取り合うのを「知恵をつけられるとめんどい」と感じるマネージャー

「普通に仕事をする」以前のハードルがある

NAYUKA MINE

て「今度一緒に遊びに行こうよ！」なんて盛り上がっていたら、それを見た編集者に「あなたたちはもうライバルなんだから。仲良くしてる場合じゃないのよ！」とたしなめられて。当時は「なんで？」と思って、私はほかの漫画家さんたちと仲良くしてましたが（笑）、やはり編集者としては漫画家に「あっちの出版社のほうが原稿料が高い！」とか「あの人のほうが締め切りまで猶予があるのに……」など「知恵をつけられる」のを恐れていたんでしょうね。業界は違っても、こういった構図は似通っていると感じました。

峰　少女漫画家は社会経験のない十代でデビューする人も多いですし、唯一知っている大人が編集者となれば、その言葉をなおさら真に受けちゃいますよね。ある種の囲い込みというか。

「女だから」という理由で立ちはだかるハードル

峰　管理といえば『AV女優ちゃん』にも「色恋管理」（男性スタッフが女性キャストを管理することを目的に恋愛関係になること）が登場しますが、漫画家と編集者でも疑似恋愛関係に陥って「担当編集、好き♡」みたいな話、たまに聞くんです。

ひうら　自分の漫画を最初に読んでくれるのは編集者だし、漫画家も「ネームを通したい」という気持ちもある。意識的なのか無意識なのかは人によるでしょうが、結果的に恋愛関係めいた感情が生まれることもありえますよね。

峰　私は男性編集者から二人きりでの対面の打ち合わせを打診された段階で、一緒に仕事をするのも「ナシ」と判断しています。もちろん真面目な人もいるだろうけど、暗に肉体関係を求めてくる人も過去にはいて。そうなるとどの人が下心があるかなんて、見分けがつかないので「一律ナシ」にしています。こっちは普通に仕事したいのに……。

ひうら　防衛本能として当然ですよね。

峰　「なぜ自分の前には、『普通に仕事をする』前にいくつも強固なハードルがそびえ立っているんだ！」と思った時期もありましたね。

ひうら　女性というだけで何かと警戒しなきゃならないこと、特に若いころは多いですよね。そのほかにも印象的だったのは、主人公が周囲の大人たちに次々とハードプレイを要求されるシーン。長年つきあいのあるマネージャー君もそこでは味方になってくれず「切られるときはこんなにあっさり切られるものなんだな」「一人ぼっちだ」と主人公が思うくだりです。

峰　大人3人がかりで説得されたら、若い女性じゃ太刀打ちできないですよね。

ひうら　これも漫画家として思い当たることがあって。昨今、作品の中の表現が問題視されて炎上することは珍しくありません。それが出版社が了承したうえで刊行されたものであっても、結局矢面に立つのも、打ち切りになって損害を被るのも漫画家なんですよね。「フリーランスってこういう扱いなんだな」と自分の立場のよるべなさを改めて感じるエピソードでした。

峰　AV女優も個人事業主だし、立場の弱さは通じるものがありますね。

ひうら　話は遡るんですけど、第1巻で障がい者の人がサイン会場に現れて暴言を吐くくだり、これも印象的でした。「さらなる弱者はさらなる弱者だと認識した人間を見つけては叩く」というシーン、これを描いた峰さんにも「すごい！」と思わされました。

SATORU HIURA

峰　ありがとうございます！

ひうら　障がいのある登場人物は、描き手も「困難にも負けずに、健気に頑張っている人」などと、ついわかりやすい美談に収束させがちじゃないですか。でも、「健気であるべき」というのは私たちの無意識にある偏った見方なわけで、美化せず描いているこのエピソードは唸りましたね。しかも、そこで「こういうことは良くないからやめましょう！」など教訓めいた話に落とし込むことなく「こういうことがありました」と淡々と描いて、すぐに過去のエピソードに入っていく……この構成も秀逸です。

峰　原稿を描いたときは編集部とも議論になったりしたのですが、このエピソードを載せてくれたSPA！の懐の広さに感謝です！

小学生であきらめた漫画家。でも漫画を描くのはおもしろい

ひうら　ストーリーテリングといえば、各巻の最後の「ヒキ（注：この先どうなるのか、と読者に思わせる仕掛け）」が、とてもうまくて。第4巻は、主人公がヨシオくんとついに結ばれるかと思いきや「私が……汚いから……」というセリフで終わるなんて、続きが気になりすぎるし、切ない（笑）。

峰　1巻ごとのヒキは考えていますね。小学生のころに読んだ『少女漫画の描き方』みたいな本にも「最後はヒキで終わらせる」とあったので、その教えに忠実に従っているのかもしれないです。

ひうら　そんな昔から漫画を描くことを意識していたんですね。そもそも峰さん、なんで漫画家になろうと思ったんですか？　だってめっちゃ面倒くさくないですか？　漫画描くのって（笑）。

峰　うそー！　漫画描くのすごく楽しいです！　もともと、小学生デビューをしたくて、小1の時から『りぼん』の漫

画賞に応募し続けていたんです。でも小学校を卒業する時点でデビューできていなかったので、「私は才能ないんだ」とあきらめて、しばらく漫画から遠ざかっていました。AV引退後、一時はライターをしてたんですが、「今後、文章だけで食べていくのは難しいだろうな」と思って、25歳くらいのとき、十数年ぶりに漫画を描きはじめたんです。

ひうら　そんな経緯があったとは。峰さんは作画もとても上手いですよね。『AV女優ちゃん』では、複雑なセックスの体位も巧く描かれているなあと思いながら読んでいました。

峰　これは友だちに自宅に来てもらって、着衣のままポーズを取ってもらっています（笑）。セックスの体位ってネットで検索しても、「これ！」と思う角度からの画像ってなかなか見つからないんですよね。

「こっちのほうがおもしろい」が呪いを解くことにつながった

峰　ひうらさんの作品って『ホタルノヒカリ』ではズボラな干物女子が主人公だったり、『西園寺さんは家事をしない』では家事をしないキャリア女性が主人公になったり、社会が女性に対して求める「こうあるべき」という呪いを軽やかに解いている印象があります。

ひうら　先ほど峰さんが、過度なメッセージ性を持たせないことに気をつけていたと言ってたけど、実は私も「女性を解放したい！」という強い思いやメッセージがあって描いているわけじゃないんです。ただシンプルに自分が「おもしろいな」という方向に描き進めた結果、たくさんの反響をいただいたというか。

峰　わかります！

ひうら　『ホタルノヒカリ』が漫画雑誌『Kiss』で連載スタートしたのが2004年。当初、編集さんから提案されたのが「年上バリキャリ女性の家に年下の男性が転がり込んでくる」みたいな設定だったんですが、それって「ちょっと古いな」と思って。どことなくドラマ『ロンバケ（ロングバケーション）』ぽいというか……。

峰　ロンバケ、懐かしいですね（笑）。

ひうら　そのころ、アラサー女子たちに取材すると「恋愛するのがめんどくさい」と話す人が多かったんですよね。メディアで喧伝されているような「恋も仕事も一生懸命！」という風潮に少し疲れているんじゃないかなと感じて、その空気を反映したのが干物女子だったんです。でも連載当初は、女性陣からは「わかる！あるある！」という反応だったんですけど、男性編集者からは「この女性がこんなにズボラで恋愛にも興味がないのは、何か過去に大きなトラウマがあるからなの？」と不思議がられました。男性の抱く若い女性像からはかけ離れていたんでしょうね。

峰　へえ～！　男女で受け取り方の温度差があったんですね。

ひうら　私としては、「女性を解放しよう！」と大上段に構えていたわけでなく、「職場ではしっかりしている女子が家では〝干物女〟になるって、おもしろいかな」と思って描いていただけ。その結果としてたくさんの反響をいただけたのはありがたい限りです。そして私も、峰さんが淡々とエピソードを重ねていった『AV女優ちゃん』を読んで、自分事のように捉えたり、「はた」と感じることがあったわけだから、そういう意味では我々の作品には共通点があるのかも。

「フェミニスト」と名乗っても〝女性代表〟ではない

ひうら　「女性について描くこと」といえば、『アラサーちゃん』でも後半は、ヤリマンちゃんがフェミニストになったり、シスターフッドが描かれたりと、フェミニズム的な文脈が増えていきますよね。これは、峰さんの意識も変わっていった表れなのかしら？

峰　そうですね。当時（2018年ぐらい）って、女子会をしていてもそういう話が自然と出てくるようになった時期でした。なので、アラサー女性のリアルを描くうえで、フェミニズムについてまったく描かないのは、むしろ不自然だなと思って。

4巻のラストで、恋人・ヨシオとの初キスを「汚いから……」という理由で断るなゆゆ

ひうら　第4巻の吉田豪さんとの対談でも「今後、フェミニストですと言っていこうと思う」と峰さんがおっしゃっていましたね。これは今も変わらない？

峰　そうですね。ただ最近はインターネットでのフェミニズムの議論は、かなり混沌としているように感じます。「自分の生きづらさを解消したい！」と思ってフェミニストを名乗っても「フェミニストを名乗るなら、この問題についてもあの問題についても意見を表明すべきだよね！」など、常に「どの立場につくのか」と二者択一のポジションを表明することを求められる気がします。そういった流れには、フェミニストを名乗りづらい雰囲気を感じています。

ひうら　フェミニズムを語ったからといって「女性代表」でもないし、ご意見番でもないのに。それはやりづらいと感じてしまいますね。

こだわる部分は人それぞれ家事も自炊もラクなほうがいい

峰　現在連載中の『西園寺さんは家事をしない』では、家事をテーマにしたのはなぜですか？

ひうら　これも最初は役立ち要素のある「家事エッセイ漫画」を打診されたのが起点なんですが、単なるノウハウを詰め込んだコミックエッセイって、X（旧Twitter）にもいっぱいあるじゃないですか。だったら「家事をしたくない女性主人公が、〝しなきゃならない状況〟に陥るストーリーのほうがおもしろいかな?」「一緒に生活している人と家事分担で話し合うほうが今っぽいかな?」など構想を練って決まっていった感じですね。

峰　なるほど。最初から「女性を家事から解放しよう」「今の立場を変えよう」といったテーマ設定ではないんですね。

ひうら　そうですね。ただ、読んでいる女性のことを考えると、結果としてそこに行き着く節はあります。やっぱり楽しんで読んでほしいし、読んだ人がちょっと元気になってくれるとうれしい。これはデビュー当時から抱いていた思いでもあります。

峰　デビュー当時から。

ひうら　デビュー間もないころに『なかよし』の編集さんと話していたことなんですけど、小学生って結構、簡単に「死にたい」って言うじゃないですか。「お母さんが冷たいからもう死にたい」とか。でもそんな子が何かのきっかけで漫画を読んでくれて「来月の続きが楽しみだから、それまでは生きてみようかな」と思える、そんな漫画を描きたいね、と話していたんです。小さな希望になるような漫画。

峰　私も小学生のとき、漫画の発売日が生きるモチベーションだったな。

ひうら　普段はあまり意識していないですが、この思いは原点かもしれません。

峰　ちなみに主人公の西園寺さん、私から見たらめっちゃ家事をしてます(笑)。だって、お惣菜を食べたら、お箸を洗って乾かすなんて、立派じゃないですか!?

ひうら　あはは(笑)。これは、ちゃんとした食器やお箸を使うと洗ったりするのが面倒、だけど毎回お惣菜のパックのゴミを出すのもイヤ、だから割り箸と紙ボックスを使い倒して、へたったらどっちも捨てる……そんな「持たない生活」をしているという主人公なんです。

峰　なるほど～! たしかにお惣菜を買ったあとのゴミ出し、ダルいです。

ひうら　家事や自炊ってダルいこと多いですよね。SNSでは、よく「冷凍餃子は自炊じゃない」「じゃあどこからが自炊か?」なんて話が飛び交うけど、冷凍ゴハンをチンして卵かけゴハンにしたほうが、わざわざお惣菜を買ってくるよりもラクなこともあるし。まぁ卵かけゴハン

自分がAV業界でしてきたことを「俺って今まで何やってきたんだ」と省みるAD君

を自炊というかは謎だけど（笑）、個人的にはゴハンを作る／作らないよりも「ラクなほうがいい」と思いますね。

峰　私は死ぬほどお腹すいているのに、冷凍ゴハンはないし、ウーバーが来るまで待てる気がしないし、コンビニに行く気力すらなくて、しばらくその場で寝っ転がりましたね……。

ひうら　寝るのが一番めんどくさくない（笑）。家事って、「ここは許せる／許せない」という線引きも、人によってかなり異なりますよね。

峰　私は床が散らかっているのは平気だけど、水回りだけは気になる派。水垢の汚れが許せない……。

ひうら　私も。我が家は以前は、家事分担は夫と半々でしたが「得意なことは得意なほうがやるのが効率がいい」と落ち着きました。料理は夫の担当ですが、最近は娘も少しずつ自炊らしきことをするようになりました。

峰　頼もしいですね！　子育てが大変な期間のお仕事はどうされてました？

ひうら　私は産後半年ぐらいお休みを取っていたんですよ。ちょうど長い連載が終わったタイミングでもあったので。そのときはすごく楽しかったですね。それまで自分のために時間を費やすことばかりだったけど、人のために生きるのもこんなにもおもしろいのかって。

「自分より稼ぐ妻」が誇らしい。男性の価値観も変わってきている

峰　そういえば少し前に、わが子ちゃんの通う学校の保護者会に行ったんです。保護者の方は教育熱心なことに加えて、全員が共働きで、夫婦共に家事も仕事もバリバリこなす人ばかりで衝撃を受けました。たしかに子どもが幼児のうちからインド人のプログラミングスクールに通わせるほど教育に力を入れている親が「子どもには将来、専業主婦になってほしい」とは願わないですよね……。

ひうら　専業主婦世帯も年々減っていますもんね。私も子どもが生まれたばかりのころは都心で子育てをしていたんですが、当時ですら保育園の送り迎えの6割ぐらいはお父さんでしたね。もちろんこれも、まだまだ地域差があるかもしれませんが。

峰　昔は「若くて家事が得意な専業主婦」がいることが、男のステイタスみたいに思われていたけど、今では「自分と同等・もしくはそれ以上、稼いでいる妻」のほうが男性もドヤれる……みたいな風潮がありますもんね。

ひうら　女性だけでなく、男性の価値観も変わってきているのを肌身で感じます。『AV女優ちゃん』の読者の男性にも、最初は「AV業界の撮影裏話」をおもしろおかしく読んでいたら、その背景にある性被害やスカウトの実態、出演強要、女性の貧困などかなり深い話が織り込まれていて、「あれ、ひょっとしたら俺も過去に、女性に対してとんでもないことをしてたのではないか」と気づく人もいるかもしれない。価値観がめまぐるしく変わるこの過渡期に、峰さんは貴重な作品を描き切ったんだなと思います。

峰　ありがとうございます。もうすぐ次の連載も始まるので、そっちもがんばっていきます！

AV女優ちゃん 6

2024年4月30日　初版第1刷発行

著　　者　峰 なゆか
発 行 者　小池英彦
発 行 所　株式会社 扶桑社
〒105-8070
東京都港区海岸1-2-20　汐留ビルディング
電話　03-5843-8194（編集）
03-5843-8143（メールセンター）
www.fusosha.co.jp/

装　　丁　濱中幸子（濱中プロダクション）
印刷・製本　大日本印刷株式会社

ISBN 978-4-594-09715-8

初出
週刊ＳＰＡ！2023年10月10・17日号〜2024年3月12日号

この作品は、著者がAV女優として活動していた2000年代のAV業界を描いた、半自伝的フィクションです。